[redacted]

rowohlt

Bernd Siggelkow · Wolfgang Büscher

Deutschlands verlorene Kinder

Warum unser Bildungssystem Verlierer produziert

Rowohlt

1. Auflage September 2012

Lektorat Christine Marth
Wissenschaftliche Mitarbeit Lisa Maas
Satz Sabon PostScript (InDesign)
bei Pinkuin Satz und Datentechnik, Berlin
Druck und Bindung CPI – Clausen & Bosse, Leck
Printed in Germany
ISBN 978 3 498 06424 2

Es gibt nur eine Sache auf der Welt,
die teurer ist als Bildung: keine
Bildung!

John F. Kennedy

Inhalt

Bildung macht satt

Als Moderatorin der *tagesthemen* muss ich immer wieder über Kinder berichten, die mit knurrendem Magen aufwachen und ebenso hungrig einschlafen. Mädchen und Jungen, die möchten, dass sie geliebt werden, deren Eltern sich aber noch nicht einmal um das Nötigste kümmern. Weil ich selbst Mutter zweier Kinder bin, fühle ich mich umso mehr verpflichtet, Kindern, denen es nicht vergönnt ist, behütet aufzuwachsen, zu helfen. Aus diesem Grund unterstütze ich die Arche. Denn hier wird Kindern, die unmittelbar vor unserer Haustür Hunger leiden, geholfen.

Nun also haben die Gründer und Verantwortlichen der Arche, allen voran der unermüdliche Bernd Siggelkow, ein Buch über Bildung in Deutschland geschrieben. Warum das?, mag sich mancher fragen. Bildung stillt weder Hunger noch Durst. Und soziale Gerechtigkeit, die es für viele Kinder in der Arche ohnehin nicht gibt, kann Bildung auch nicht erschaffen.

Stimmt – und auch wieder nicht. Denn die Menschen in der Arche verstehen Bildung sehr viel weitläufiger. In der Arche bedeutet Bildung nicht nur Lesen, Schreiben und Rechnen lernen. Pastor Siggelkow und seine Helfer wollen Kindern vielmehr dabei helfen, sich selbst eine Chance auf ein anderes Leben zu erarbeiten, damit sie einmal sagen können: Ich bin nicht mehr abhängig von der Güte und der Gnade anderer, sondern ich bin gerade dabei, mir meinen Traum selbst zu erfüllen.

Das hört sich etwas pathetisch an, ist aber mehr als praktisch. Das Verständnis der Arche für Bildung geht über studiertes Wissen hinaus. Wichtig ist soziale Kompetenz. Was nichts anderes ist als eine Kombination aus Geist, Kultur, Persönlichkeit und Talent. Am Ende ist das die Fähigkeit, Konflikte nicht mit der Faust, sondern mit dem Kopf zu lösen. Nicht nur Bildung im engeren Sinne, sondern Allgemeinbildung zählt. Jeden Tag immer wieder neu zu lernen ist kein blöder Spruch von Eltern und Lehrern. Auch ich lerne jeden Tag wieder neu.

Die Zahl der Menschen, die heute eine Lehre oder ein Studium machen und dann bis zur Rente an einem Ort, in einem Unternehmen arbeiten, sinkt ständig. Dafür steigen Anforderungen und Erwartungen stetig. Wir müssen neue Techniken begreifen, neue Methoden lernen und, wenn der Job ein anderer wird, auch mal komplett von vorne anfangen. Was aber geschieht mit denen, die es nicht gelernt haben zu lernen, geschweige denn sich fortzubilden? Welche Aussichten haben diejenigen, die die Fähigkeit zur Selbsthilfe nie entwickeln konnten, die von so viel Flexibel-sein-Müssen schlicht überfordert sind?

Bildung ist ein Menschenrecht. Jedes Kind hat das Recht auf eine Schulausbildung. Von Kindesbeinen an hat jeder die Möglichkeit, seinen Bildungsweg individuell zu gestalten. So weit die Theorie. Aber aus ihren täglichen Begegnungen mit Kindern, deren Eltern nicht die Kraft und teilweise auch nicht das Verständnis dafür haben, dass ihre Töchter und Söhne lernen sollten, wissen die Arche-Mitarbeiter: Immer öfter fühlen sich Kinder abgehängt und abgeschnitten. Es ist sehr schwer, diesen Kindern zu sagen: Ihr müsst regelmäßig in die Schule gehen, dann wird was aus euch. Teilweise haben sich 12-Jährige bereits aufgegeben und steuern so auf ein Leben ohne Hoffnung und Perspektive zu.

Auf diese Weise wächst eine ganze Gruppe von Menschen heran, die in der Gesellschaft von vorn herein am Rand steht. Diese Ausgrenzung zu verhindern, versuchen die Arche-Mitarbeiter jeden Tag. Auch mit diesem Buch.

Es will darauf aufmerksam machen, was für viele Kinder in Deutschland schiefläuft. Trotz der mehr als 100 Millionen Euro, die die Bundesregierung im vergangenen Jahr für Bildung, davon ein Drittel für die Schulbildung, ausgegeben hat, wächst eine ganze Generation von potenziellen «Losern» heran. So bleibt die Vision von der «Bildungsrepublik Deutschland», die Politiker immer wieder gerne ausrufen, tatsächlich nur eine Vision.

Die Momentaufnahme könnte kaum paradoxer sein: Einerseits erreichen immer mehr Schüler in Deutschland die allgemeine Hochschulreife, andererseits wächst die Zahl der Kinder, die schon bei ihrem Start ins Leben Verlierer sind.

Bildung bedeutet Zukunft. Zuerst für jeden Einzelnen, für seine ganz persönliche Chance, aus seinem Leben das zu machen, was er will. Aber auch für uns alle. Denn die Gesellschaft braucht Menschen, die sich gefordert und auch gefördert fühlen und deshalb bereit sind mitzumachen.

Caren Miosga

Bildung allein genügt nicht

Um kurz nach 14 Uhr füllt sich der Speisesaal in der Arche, einem ehemaligen Schulgebäude, immer mehr. Kinder aus den benachbarten Schulen stürmen nach Schulschluss herbei, freuen sich schon auf das Mittagessen in unserer Einrichtung. Es riecht nach Braten, und viele der Jungen und Mädchen, die sich keines Pausenbrotes am Morgen erfreuen dürfen, können kaum erwarten, endlich ihren vollen Teller vor sich stehen zu sehen.

Zu den Jugendlichen und auch jüngeren Schülern gesellen sich unsere Mitarbeiter an die Tische und steuern die lebhaften Gespräche unter den hungrigen Mäulern.

Es ist uns wichtig, den Kindern nicht nur einen Ort zu bieten, an dem sie etwas zu essen bekommen, sondern auch eine Zuflucht, in der Gespräche möglich sind und wo auch ein Stück Erziehung stattfinden kann. In der Arche steht der Suppenteller nicht neben der Tastatur des Computers, und auch auf eine stets mitlaufende Beschallung durch den Fernseher müssen die Kinder hier verzichten, da Wert gelegt wird auf eine einfache Tischgemeinschaft, die leider in unserer Gesellschaft immer weniger Beachtung findet.

Auch ich nehme meinen vollen Teller und setze mich zu zwei Mädchen an den Tisch, die bisher noch ganz allein dort sitzen.

Sie springen auf, fallen mir zur Begrüßung um den Hals. Wir freuen uns auf das gemeinsame Essen.

«Na, wie war die Schule?», frage ich die beiden 10-Jährigen. Leider gehen viele unserer Kids nicht gern zur Schule, sie sehen sich dort einem starken Druck und Zwang ausgesetzt. Das Gefühl, es sowieso nicht zu schaffen, ist unter unseren Kindern stark vertreten. Jede schulische Enttäuschung bestätigt dieses Gefühl, denn ihre Eltern unterstützen und motivieren sie kaum, ihr Selbstvertrauen ist aus diesem Grund eher wenig ausgeprägt.

«Scheiße!», lautet die Antwort, die wie aus der Pistole geschossen folgt. Für beide scheint dieser Vormittag nicht gut gelaufen zu sein, und so frage ich nach: «Was war denn heute nicht so gut? Hattet ihr Schwierigkeiten mit dem Lehrer oder den Mitschülern?» «Nein, Mathe» ist die Antwort.

Für die Reaktion der Kinder habe ich Verständnis, denn viele unserer Arche-Besucher müssen für Mathematik mehr als für andere Fächer lernen, da ihnen anscheinend das Talent dafür fehlt. Manch einfacher Rechenweg ist für unsere Schüler so kompliziert und unlösbar, dass sie aufgeben. Diese vorschnelle Resignation wird ihr ständiger Begleiter und bahnt sich den Weg auch durch viele andere Bereiche ihres Lebens.

«Was macht ihr denn gerade in Mathe?», lautet schon meine nächste Frage. Ich habe festgestellt, dass es manchmal nur Kleinigkeiten sind, die nicht verstanden werden und dadurch schnell zu einem großen Problem werden können.

Marie, eine der beiden, ist wesentlich frustrierter über den Unterricht als das andere Mädchen und antwortet: «Die Malfolgen!» Viele Kinder haben schon in diesem Lernbereich größere Schwierigkeiten. Hier ist eine gewisse Logik zu erkennen, denn wer das simple Einmaleins nicht verstanden hat, dem werden alle weiteren Rechenschritte sehr schwerfallen.

Viele unserer Kinder erledigen ihre Hausaufgaben in der Schule, in der Ganztagsschule, im Hort oder während einer extra dafür eingerichteten Unterrichtseinheit.

In der Regel machen die Kinder ihre Hausaufgaben in einem Klassenraum, gemeinsam mit 15 bis 25 weiteren Schülern. Ein Horterzieher oder ein Lehrer beaufsichtigt sie in der Zeit, sodass die Kinder ihre Hausaufgaben ungestört erledigen können. Bis dahin alles schön und gut. Doch kann ein Kind, das beispielsweise die 5. Klasse besucht, das Einmaleins aber bis dato nicht verstanden hat, ohne weitere Unterstützung seine Hausaufgaben erledigen? Die Aufsichtsperson wird nicht die Zeit aufbringen können, die dieses Kind eigentlich benötigen würde, um die Lösung seiner Aufgaben zu verstehen.

«Was macht ihr denn gerade? Das kleine Einmaleins oder das große?» Beide Kinder schauen mich mit großen Augen an und sind nicht in der Lage, diese Frage zu beantworten. Vielleicht können sie mit den Begriffen nichts anfangen, denke ich und versuche es auf einem anderen Weg. «Wie viel sind denn 11 × 10?» Die Antwort kommt wie aus der Pistole geschossen: «101.»

«Nein, das ist leider falsch», erkläre ich Marie. «So, und wie viel sind jetzt 11 × 11?» Diesmal überlegt Marie etwas länger, antwortet aber dann lächelnd: «102.»

«Marie, jeder weiß doch, was 5 × 5, 8 × 8, 10 × 10, 11 × 11 oder 12 × 12 sind, da muss man nicht lang überlegen, das könnte man auch auswendig lernen.»

Für Marie ist es unvorstellbar und einfach nicht zu verstehen.

Am Nachbartisch sitzt die Nachhilfelehrerin der Arche. Jeden Tag betreut sie mit ihrem ehrenamtlichen Team unsere Besucher bei den Hausaufgaben und steht ihnen mit Rat und Tat zur Seite. Für sie sind die eben geschilderten Probleme ganz normal, täglich wird sie mit den Lernschwierigkeiten der Kinder konfrontiert. Sie ist es gewohnt, auf das Basiswissen der Kinder zurückzugreifen, Grundbegriffe neu zu erklären und erst dann langsam auf ein höheres Niveau zu steigern.

Sie hört mir und meinen Mathe-Talenten schon die ganze Zeit neugierig zu, nimmt dann ihren Teller und setzt sich wortlos zu uns an den Tisch. Anscheinend will sie mal hören, wie ich das «Einmaleins» erkläre.

Und genau das tue ich. Mit Engelsgeduld versuche ich Marie die Aufgaben und den Rechenweg zu erklären: «... und, wie viel sind 11 × 12?»

Trotz der vielen Erklärungen und ständigen Korrekturen merke ich, dass das Mädchen anscheinend Spaß daran hat, geduldig zuhört und meinen Gedanken folgen kann. Sie scheint nicht überfordert zu sein.

Zwischendurch schaufelt sie sich vergnügt die Nudeln in den Mund, und wenn sie etwas nicht versteht, sagt sie ganz offen: «Das hab ich nicht kapiert!»

So rechnen wir immer weiter, viele Erklärungen folgen noch, und irgendwann, als ich die Frage stelle: «Wie viel ist 11 × 16?», antwortet Marie wie aus der Pistole geschossen: «176.»

Marie hat es verstanden. Erhobenen Hauptes steht sie auf und stellt ihren Teller weg. Sie steuert auf den Tanzraum zu, denn dort findet an diesem Nachmittag ein Workshop statt. Ich kann Marie noch schnell dazu ermutigen, unbedingt am nächsten Tag ihrer Lehrerin zu zeigen, dass sie es jetzt verstanden hat. Eine Motivation, um das Gelernte gleich anwenden zu können und bei ihrer Lehrerin einen positiven Eindruck zu hinterlassen. Kinder können gar nicht genug Erfolgserlebnisse beim Lernen haben, denn nur so sind sie für weitere Schritte motiviert.

Marie und ihre Freundin verlassen den Speisesaal, und ich bemerke, dass mein Mittagessen bereits kalt ist. Ich habe es vor lauter Rechnerei vergessen. «Konntest du beobachten, was in 15 Minuten möglich ist?», frage ich unsere Nachhilfelehrerin. «Ja», sagt sie, «weil ihr endlich mal jemand zugehört und sie ernst genommen hat!»

Maries Mutter ist häufig überfordert mit ihren drei Kindern, sie ist alleinerziehend. Die Schulden, die ihr Exmann hinterließ, lassen sie in keine sorgenfreie Zukunft sehen. Ihre Nerven liegen blank, sie findet keine Arbeit. Ihre Gedanken sind von einer traurigen Perspektivlosigkeit gezeichnet. Die Mutter hört ihren Kindern einfach nicht mehr zu, der Fernseher läuft den ganzen Tag.

Marie genießt die Aufmerksamkeit, die Mitarbeiter der Arche ihr schenken. Häufig kommt sie auf die Erwachsenen zugestürmt, um sich einfach mal in den Arm nehmen zu lassen. Sie möchte Kind sein, doch wird ihr diese Selbstverständlichkeit immer dann genommen, wenn sie sich um ihre beiden kleineren Geschwister kümmern muss. Jede schlechte Note, die sie in der Schule schreibt, macht sie wütend und hilflos, und deshalb ist es so wichtig, dass neben der reinen Wissensvermittlung Anerkennung und Geborgenheit nicht zu kurz kommen.

Wenn ich mit Politikern, Sponsoren oder Menschen, die Archen besichtigen, ins Gespräch komme und sie die Kinder und Mitarbeiter kennenlernen, sehen, wie sie gemeinsam, ungezwungen und glücklich die Zeit verbringen, höre ich häufig: «Bildung ist das Einzige, was die Kinder aus der Armut herausholt!» Ich kann dem nur bedingt zustimmen.

Natürlich eröffnet ein hervorragender Bildungsweg dem Menschen mehr Perspektiven und einen unkomplizierteren Einstieg in die Berufswelt. Ein junger Mensch mit einem minderwertigen Schulabschluss hat erfahrungsgemäß keine große Chance auf eine vernünftige Ausbildung. Aber woher soll er seine Motivation nehmen?

Es ist schwierig, jemandem, der kein Ziel vor Augen hat, zu vermitteln, dass man alles erreichen kann, wenn man nur gut in der Schule ist und fleißig lernt. Ein Mensch, der wenig feste Beziehungen und wenig Positives in seiner Kindheit erlebt hat, wird noch weniger verstehen, dass er es selbst in der Hand hat und aus seinem Leben was machen kann.

Die pädagogischen Mitarbeiter erleben in den Archen, wie Kinder danach hungern, von Beziehungspartnern langfristig begleitet zu werden; sie suchen Menschen, die für sie da sind, die ihnen zuhören, die mit ihnen lernen, die geduldig sind. Nicht immer läuft es ohne Konflikte in den Familien, nicht überall stehen Kinder im Mittelpunkt. Müssen wir aufgrund dieser Tatsachen uns nicht noch weitere Fragen zur «Bildungsrepublik» stellen, noch einmal über das Thema «Bildung» nachdenken?

Wie wichtig ist uns bei dieser Thematik überhaupt das einzelne Kind mit seinen persönlichen Bedürfnissen? Welche Rolle spielt bei der Vermittlung von Lernstoffen auch der familiäre Hintergrund des Lernenden? Wie viel von unseren persönlichen Erfahrungen können wir unseren Kindern mit auf den Lebensweg geben? Sehen wir Kinder nur als die Zukunft, oder haben wir erkannt, dass sie auch Gegenwart sind? Was muss Bildung noch außer Vermittlung von Lerninhalten leisten? Ein Kind mit leerem Magen kann sich weder richtig konzentrieren noch lernen! Ein emotional verarmtes Kind wird nicht unbedingt verstehen, warum es über die Zukunft nachdenken soll, wenn schon der Alltag einer Katastrophe gleicht.

Wir müssen, wenn wir uns über bessere Bildung und intelligente Bildungswege Gedanken machen, immer noch auf das Lebensumfeld des einzelnen Kindes reagieren können. Natürlich ist das nicht einfach, aber sind nicht unsere Kinder die einzigen, die wir haben?

Eine skandinavische Lehrerin hat einmal das deutsche und das skandinavische Schulsystem miteinander verglichen und etwas Interessantes festgestellt: Sie sagte, dass wir Deutschen die Klassen weiterbringen wollen und die Skandinavier das einzelne Kind. Wenn diese skandinavische Sichtweise den Ansatz für die Bildung im 21. Jahrhundert in Deutschland bilden wird, sind wir genau auf dem richtigen Weg.

Ein Kind braucht mehr als Bildung – es braucht Liebe, Zuwendung und Motivatoren, die es im Lernen begleiten.

Bernd Siggelkow

Fliegertraining in der Arche

An einer Gesamtschule in Berlin-Hellersdorf arbeitet die Arche in mehreren Räumen mit drei Sozialpädagogen. Am Nachmittag können Schüler dort ihre Hausaufgaben erledigen, am Vormittag landen manche dort zum «Fliegertraining». Den Begriff benutzen wir Mitarbeiter, und er hat für uns eine zweifache Bedeutung:

Zum einen kommen Schüler zu uns, die aus dem Unterricht «geflogen» sind, weil sie den Unterricht so sehr gestört haben, dass der Lehrer sie zu uns schickt. Zum anderen sehen wir die Zeit, die sie dann bei uns verbringen, als einen Beitrag dazu, ihnen wieder Flügel zu verleihen, mit denen sie neu durchstarten und sich konstruktiver ins Unterrichtsgeschehen eingliedern können. Dies geschieht durch klärende Gespräche, durch von uns betreute Einzelarbeit oder andere, jeweils der Situation angemessene Maßnahmen. Dazu gehört auch immer ein vermittelndes Gespräch mit dem jeweiligen Lehrer, um auszuloten, wie zukünftige Störungen möglicherweise vermieden werden können.

Sabrina ist ein Mädchen, das wir aus diesem Fliegertraining kennen. Sie ist 12 Jahre alt, hat glattes blondes Haar und ein schelmisches Funkeln in ihren Augen. Sabrina wurde von ihrem Lehrer geschickt, weil sie den Unterricht wiederholt massiv störte, indem sie ihre Mitschüler ablenkte. Hier im Hausaufgabenraum wirkt sie aufgeregt, ja nervös. Nachdem sie uns berichtet hat, was in der Stunde vorgefallen ist, fängt sie an, auch von sich und ihrer Familiensituation zu erzählen.

Sie hält sich selbst für ein schlimmes Mädchen und gibt zu, auch schon geklaut zu haben. Außerdem sei sie ihrer Mutter gegenüber sehr zickig. Als wir sie aber nach ihrem Vater fragen, senkt sie den Blick und wird für einen Moment ganz still. Doch dann fährt sie leise fort, dass er wohl der Grund sei, weshalb sie sich so verhält. Sie berichtet uns, dass ihre Eltern sich getrennt hätten und ihr Vater jetzt nichts mehr mit ihnen zu tun haben wolle. Vor der Trennung der Eltern sei er allerdings gewalttätig gewesen.

Sabrinas Probleme werden im Laufe des Gespräches immer deutlicher, und sie scheinen wirklich die Ursache für ihre Verhaltensauffälligkeiten zu sein. Allerdings können sie ihr keinen Freifahrtschein für ihr Verhalten geben. Sie muss verstehen, dass die Störungen im Unterricht nicht richtig sind. Gleichzeitig zeigen wir ihr aber, dass sie uns wichtig ist, dass wir sie mögen und ihr immer zuhören werden. Es ist allen Arche-Mitarbeitern wichtig, dass jeder Schüler weiß: «Hier werde ich so angenommen, wie ich bin. Hier kann ich meine Anliegen loswerden und stoße damit auf offene Ohren.»

Nach dem Gespräch kann Sabrina auch wieder strahlen und bedankt sich, dass wir ihr zugehört haben. Damit haben wir nicht gerechnet. Sehr oft wirken die Schüler nach außen so cool. In einer für sie sicheren Umgebung können sie sich aber auch von ihrer verletzlichen Seite zeigen und sich öffnen.

Ein paar Wochen später treffen wir Sabrina auf dem Schulhof wieder. Auch diesmal ist sie aufgelöst und berichtet, dass am Vorabend die beste Freundin ihrer Mutter zu Besuch gewesen sei. Da Sabrina nicht schlafen konnte, habe sie sich zur Küchentür geschlichen und die Unterhaltung belauscht, die ihre Mutter mit der Freundin führte. Sabrina konnte nicht fassen, was sie da hörte. Ihre Mutter will sie loswerden. Sie will sie nicht mehr bei sich haben und überlegt, sie in eine Wohngruppe zu stecken. Das hat Sabrina völlig aus der Bahn geworfen. Sie liebt ihre Mutter doch. Warum will ihre Mutter sie dann nicht mehr bei sich haben? Wir versuchen Sabrina zu beruhigen, schlagen ihr vor, mit ihrer Mutter zu reden, und bieten ihr auch unsere Hilfe an.

Kurz darauf kommt es zu einem Gespräch zwischen Tochter, Mutter und Jugendamt. Alle versuchen, gemeinsam eine Lösung zu finden. Allerdings ist die Mutter zu diesem Zeitpunkt so überfordert, sowohl mit ihrer Tochter als auch mit ihrem eigenen Leben, dass es auch für Sabrina am vernünftigsten ist, zunächst in eine Wohngruppe zu gehen.

Selbst wenn Kinder zu ihren Eltern – oder in diesem Fall zur Mutter – gehören, können Situationen entstehen, in denen es für alle besser ist, ein räumlich getrenntes Leben zu führen, zumindest für eine gewisse Zeit.

Wir haben in unseren Gesprächen mit Sabrina ja gemerkt, wie sie unter den Konflikten zu Hause leidet und welche Auswirkungen diese Konflikte auf ihr Verhalten haben. Und die familiären Konflikte haben nicht nur Auswirkungen auf ihr Verhalten, sondern auch auf ihre schulischen Leistungen, auf ihre Konzentrationsfähigkeit, auf ihre Durchsetzungskraft und letztendlich auf ihre Zukunft.

So langsam sieht auch die Schule, dass wir mit der Arche bei solchen Konflikten einen Part übernehmen, der im täglichen

Schulbetrieb eher zu kurz kommt. In einem Gespräch mit der Schulleitung erfahren wir, dass Hausbesuche früher verpflichtend für alle Lehrer waren. Heute finden diese Besuche kaum noch statt. Es lastet auch ohne Verpflichtung solcher Besuche großer Druck auf den Lehrern, und entsprechend viele Pädagogen, gerade die älteren, sind dem täglichen Stress nicht immer gewachsen. Jeden Monat fallen so bis zu 20 Lehrer für einige Tage durch Krankheit aus und müssen durch ihre Kollegen vertreten werden. Der Stundenausfall ist hoch, da bei einem Kollegium von ungefähr 60 Lehrern bei weitem nicht alle Stunden vertreten werden können. Immer wieder kommen ganze Schulklassen zu uns in die Schul-Arche, damit nicht zu viele Stunden komplett ausfallen. Solche Stunden können ganz unterschiedlich ablaufen: Manchmal nehmen wir uns einfach Zeit, spielen mit den Schülern und hören ihnen zu. In anderen Stunden führen wir gezielt Projekte zum Teambuilding mit der ganzen Klasse durch.

Einmal haben wir in einer Woche nacheinander alle siebten Klassen zur Vertretung. In einer von uns gestellten Projektaufgabe sollen sie in kleinen Gruppen einen «Eierflugtransporter» basteln. Dazu bekommt jede Gruppe bestimmte Materialien, mit denen die Schüler ein rohes Ei verpacken sollen. Danach wird der «Transporter» aus dem vierten Stock auf den Schulhof geworfen. Ziel ist, dass das Ei dort heil ankommt. Doch in einer Klasse kommt kein einziges Ei heil auf dem Boden an. Und in der Tat ist in genau dieser Klasse «der Wurm drin»: Die Klassenlehrerin ist schon seit Monaten krank, in den ersten Monaten kam nie eine klare Linie in den Unterricht, das Klassengefüge ist marode, die Arbeitsmoral «im Keller». Die Gewaltbereitschaft ist ebenfalls latent spürbar. Kurz vor Weihnachten prügeln mehrere Jungs aus dieser Klasse einen anderen Schüler während der Hofpause krankenhausreif.

Viele dieser Schüler kommen zu uns in die Arche. Hier tauen sie nach und nach auf, erzählen von zu Hause und lassen uns immer wieder hinter ihre raue Fassade blicken.

Von vielen Lehrern werden wir als Erleichterung des Schulalltags angesehen, von manchen eher als Mängelverwaltung der schuluntauglichen Schüler. Andere schätzen unseren Einsatz und suchen die Zusammenarbeit. Die Kooperation zwischen Jugendhilfe und Schule scheint generell noch in den Kinderschuhen zu stecken und ist bisher offensichtlich noch nicht so akzeptiert und gefragt, obwohl vor allem die Schüler von einer engeren Zusammenarbeit profitieren würden.

Auch in den Hofpausen sind wir präsent. Wir suchen das Gespräch mit Schülern, helfen bei der Aufsicht und leihen Spielgeräte aus. In einigen Grundschulklassen ist das Aggressionspotenzial schon dermaßen hoch, dass kaum eine Pause vergeht, in der es nicht zu heftigen Auseinandersetzungen kommt. Eines Morgens sehen wir am Ende der Pause gerade noch, wie sich zwei Jungs anschreien und anfangen, zu schlagen und zu treten. Einer von unseren Mitarbeitern geht dazwischen und versucht, mit ihnen ein Gespräch zu führen, doch sie laufen einfach davon.

Die Lehrkräfte müssen nach der Pause in den Unterricht zurück. Wir aber können der Sache weiter nachgehen und den Konflikt aufklären. Da wir die beiden nicht kennen und sie uns ihre Namen nicht gesagt haben, wird das Ganze zu einem «Katz-und-Maus-Spiel». Schließlich sehen wir die zwei im gleichen Klassenzimmer verschwinden. Jetzt können wir sie uns doch noch «zur Brust nehmen». Es stellt sich heraus, dass beide Schüler in einer dritten Klasse sind, wo sie immer wieder für schwere Auseinandersetzungen sorgen. Die Lehrerin ist uns dankbar, dass wir der Sache nachgegangen sind und sofort ein klärendes Gespräch möglich war.

Ohne Klärung geht viel wertvolle Unterrichtszeit verloren, in der wichtige Inhalte vermittelt werden könnten. Die Unruhe überträgt sich auf die ganze Klasse und behindert damit den Unterricht. Doch wenn Kinder es nicht gelernt haben, Konflikte zu lösen, da das zu Hause nicht geschieht, muss die Schule zwangsläufig immer mehr elementare Erziehungsaufgaben übernehmen und soziale Umgangsformen und Konfliktbewältigungsstrategien lehren.

Ein Schüler, der immer wieder zu uns geschickt wird, ist Michael. Er ist in der vierten Klasse und verweigert jegliche Mitarbeit im Unterricht. Auch ist er oft aggressiv seinen Mitschülern gegenüber. Die Klassenlehrerin berichtet uns, dass die Zusammenarbeit mit den Eltern extrem schwierig ist. Michael hat schon so viel an Demütigung erlebt, dass er seinen Jähzorn nicht kontrollieren kann. Besonders wenn er mit älteren Schülern zusammen in einem Raum sitzt, eskaliert die Situation innerhalb von Sekunden. Um seinem Ärger Luft zu machen, fliegen auch schon mal Stühle durch den Raum.

«Als Lehrer, der jetzt auf der Erzieherseite arbeitet, tut sich mir eine riesige Baustelle auf, die ich als unterrichtender Pädagoge in dieser Deutlichkeit nicht sah», so ein Arche-Mitarbeiter aus unserer Schul-Arche. Da sind komplizierte und instabile Familienverhältnisse, die es Schülern extrem erschweren, sich auf die Bildungsinhalte zu konzentrieren. Einem Großteil der Kinder geht zu Hause Kontinuität und Sicherheit ab, da ihre Eltern häufig die Partner wechseln oder weil sie in Wohngruppen aufwachsen. Mindestens 60 Prozent der hier zur Schule gehenden Kinder haben eine Schulbuchbefreiung, das heißt, ihre Eltern können sich Bücher nicht leisten, da sie von Sozialleistungen leben. Die Leistungsabteilung der Arbeitsagentur stellt diesen Kindern einmalig 100 Euro für Bücher zur Verfügung.

Ohne den Aufbau von Beziehungen zu den Schülern wäre uns vieles nicht möglich. Dadurch, dass wir Interesse an den Schülern zeigen, ihnen zuhören, mit ihnen sprechen und auf sie zugehen, bauen sie Vertrauen zu uns auf, und wir können Gefahren rechtzeitig erkennen und entsprechend gegensteuern. Es wäre schön und wünschenswert, wenn dies den Lehrern auch gelingen könnte oder sie es zumindest versuchen würden. Dafür müssten aber mehr Lehrer eingestellt und die Klassen verkleinert werden. Dann wäre der Druck, der auf den Lehrern lastet, bedeutend kleiner, und sie könnten sich den einzelnen Schülern länger und besser widmen.

Bildung ist wichtig

«Wirtschaftlicher Erfolg hängt entscheidend vom Humankapital ab.» Das sagt der OECD-Generalsekretär Ángel Gurría. Ohne Bildung ist es schwierig, ein zufriedenes Leben zu führen. Wissen, berufliche Qualifikation sowie Kompetenzen und ein kritisches Einschätzungsvermögen bezieht man aus einer soliden Schulbildung und sicher auch aus einem ausgeglichenen sozialen Umfeld. Diese Voraussetzungen machen es einem Menschen möglich, das eigene persönliche und wirtschaftliche Wohlergehen wie auch das des ganzen Landes zu steigern.

Die Bildung der Menschen spielt beim Aufbau von Humankapital eine Schlüsselrolle. Gut ausgebildete Personen verdienen in der Regel gutes Geld und können von ihrem Einkommen auch leben. Starke Eltern haben in der Regel gesunde Kinder. Der Gesundheitszustand der Kinder aus dem Bildungsbürgertum ist weitaus besser als der von Kindern aus den bildungsfernen Schichten. Bei Kindern aus gebildeten Familien finden wir auch ein stärkeres zivilgesellschaftliches Engagement und günstigere Beschäftigungsaussichten. Und Humankapital wird in den kommenden Jahren mit Sicherheit weiter an Bedeutung gewinnen.

Allerdings wird zu vielen jungen Menschen heute die Chance verwehrt, ihre eigenen Fähigkeiten zu erkennen und auszubauen. Selbst in den hochentwickelten europäischen Ländern schließen 20 Prozent aller Jugendlichen die Schule ohne einen qualifizierten Abschluss ab, was ihre späteren Beschäftigungsaussichten natürlich stark beeinträchtigt. Dieser schulische Misserfolg konzentriert sich in der Regel auf bestimmte, sozial schwache Bevölkerungsgruppen und schließt sie aus unserer Gesellschaft aus.

Wir verweigern also Millionen von Kindern und Jugendlichen die Teilnahme am gesellschaftlichen Erfolg und degradieren sie zu Statisten. Das wird den sozialen Frieden auf Dauer zerstören. Kaum einer dieser Jugendlichen wird später einmal selbst für seinen eigenen Lebensunterhalt sorgen können. Der Staat und damit die Gesellschaft muss für ihren Lebensunterhalt aufkommen. Warum versagt unser Bildungssystem so deutlich? War das schon immer so? Warum ist unser Bildungssystem so, wie es ist?

Das Herzogtum Pfalz-Zweibrücken führte 1592 als erstes Territorium der Welt die allgemeine Schulpflicht für Mädchen und Jungen ein. Aber erst im 20. Jahrhundert wurde die allgemeine Schulpflicht durchgesetzt. Damals wurden Gesetze zur Schulpflicht für ganz Deutschland, Österreich-Ungarn, Skandinavien und Frankreich unterzeichnet.

1949 wurde das sogenannte föderale Schulsystem eingeführt. Die Kulturhoheit der Länder steht seit damals sogar im Grundgesetz. Was bedeutet das in der Praxis? Für Gesetzgebung und Verwaltung im Kulturbereich sind die Bundesländer zuständig, also auch für das Schul- und Hochschulwesen sowie für Bildung im Allgemeinen. Damit übernahm man den Bildungsstatus, der bereits während der Weimarer Republik existierte. Anfangs gab es intensive Bemühungen, das regional sehr unterschiedliche Schulsystem einheitlicher zu gestalten. Es gab dazu sogar eine Vereinbarung, das Düsseldorfer Abkommen von 1955, mit dem Englisch zur Plichtfremdsprache wurde sowie Bestimmungen über den Schuljahresbeginn und den Zeitraum für die Sommerferien festgelegt wurden. Das Hamburger Abkommen setzte dann 1964 einen gemeinsamen Rahmen, unter anderem die Einführung der Hauptschule.

In der DDR wurde das Bildungssystem zwischen 1949 und 1990 streng zentralistisch nach den Regeln des Marxismus-Leninismus geregelt. Mit dem Schulgesetz von 1959 wurde die zunächst achtklassige Einheitsschule obligatorisch, an die sich die vierjährige Erweiterte Oberschule anschloss, die das Gymnasium ersetzte. Durch die ganztägige Betreuung der Kinder in Schulhorten konnten – im Gegensatz zur BRD – viele Mütter in der DDR einer geregelten Arbeit nachgehen.

Am 4. Oktober 1957 startete in der Sowjetunion der erste künstliche Erdsatellit, «Sputnik». Das führte dem Westen, allen voran den USA, die Überlegenheit der sowjetischen Raumfahrttechnik vor Augen, und der reagierte regelrecht schockiert. Diese technologische Leistung stellte die bis dahin sicher geglaubte Überlegenheit des Westens in Frage. Ursachen des westlichen «Nachhinkens» wurden vor allem im Bildungssystem ausgemacht. Der sogenannte Sputnik-Schock stellte das Bildungswesen aller westlichen Staaten in Frage. In Deutschland sprach Georg Picht 1962 von einer «Bildungskatastrophe». (Der Begriff war also schon damals bekannt.) Weiter sprach er von einem Modernisierungsdefizit in inhaltlicher und sozialer Sicht. Andere – wie etwa Ralf Dahrendorf – kritisierten die fehlende Erziehung zu demokratischen Bürgern.

Die Reproduktion der herrschenden Verhältnisse in der Schule schloss nach Ansicht zahlreicher Experten aus fast allen westlichen Ländern zu viele Menschen von einer Beteiligung am gesellschaftlichen Fortschritt aus. Das bedeutete in der Praxis, dass die Talente der Kinder an westlichen Schulen und Universitäten verkümmerten. Die Länder reagierten darauf ganz unterschiedlich: Die USA gründeten die Advanced Research Projects Agency (ARPA) als eine Abteilung im Pentagon. In Deutschland führte der Sputnik-Schock zu intensiven Reformdiskussionen. Der Deutsche Bildungsrat entstand, dessen Strukturplan für das Deutsche Bildungs- und Erziehungswesen maßgebend wurde. Die Bund-Länder-Kommission für Bildungsplanung und Forschungsförderung legte 1973 den ersten Bildungsgesamtplan vor, der die Grundlage für den Auf- und Ausbau des Bildungswesens bilden sollte. Aber wie so oft in der Politik kam es bereits bei der Verabschiedung der Reformen zum parteipolitischen Streit, und der Plan ging unter.

Damals wurde vor allem über die Einführung der Gesamtschule debattiert. Obwohl die Diskussion darüber bis heute noch nicht beendet ist, stagnierten in den 1980er Jahren die bildungspolitischen Bemühungen vor allem aus Kostengründen. Daran hat sich bis heute wenig geändert.

Bildungsthemen verschwanden für lange Zeit aus dem Bewusstsein der Öffentlichkeit. Erst im Jahr 2000 gab es wieder einen Schock, der das Thema Bildung erneut in den Fokus rückte, auch wenn Raumfahrt nichts damit zu tun hatte. Es ging vielmehr um das schlechte Abschneiden deutscher Schüler im internationalen Vergleich. Bekannt wurde vor allem die PISA-Studie. Die ersten Studien, die im Rahmen des «Program for International Student Assessment» (PISA) vorgelegt wurden, haben in Deutschland heftige Diskussionen ausgelöst, weil deutsche Schüler in allen drei Testgebieten (Lesefähigkeit, Mathematik, Naturwissenschaften) unerwartet schlecht abschnitten. Fast jeder fünfte 15-Jährige konnte nur wie ein Grundschüler rechnen und verstand auch einfache Texte nicht. Das vermochte das nationale Selbstwertgefühl empfindlich zu kränken. Dass die Bildungsnation Deutschland ausgerechnet mit ihren Schulen im internationalen Vergleich nicht an der Spitze, sondern zusammen mit Schwellenländern wie Brasilien und Mexiko nur auf den hinteren Rängen der gewählten Leistungsskalen platziert war, wurde im deutschen Blätterwald als ein «Menetekel des drohenden ökonomischen Niedergangs» (Radtke 2003) gedeutet.

Als wäre das nicht genug, trat in Deutschland zunehmend ein Fachkräftemangel auf. Seit dieser Zeit ist das Thema Bildung nicht mehr aus den Schlagzeilen wegzudenken. Wir vergleichen unser Schulsystem mit dem von Finnland, dem Land, das in allen Bereichen der PISA-Studie am besten abgeschnitten hat. Das kleine Land hoch im Norden spielt in Sachen Bildung in der Champions League. Seit PISA wird in Deutschland über das gemeinsame Lernen aller Schüler, über vorschulische Bildung, aber auch über eine stärkere individuelle Förderung der Kinder diskutiert. Vor allem das schlechte schulische Abschneiden der Kinder mit Migrationshintergrund bietet großen Anlass zur Sorge. Zudem ist in Deutschland laut Bertelsmann-Studie 2011 jeder fünfte 15-jährige Jugendliche inzwischen ein Analphabet. Läuft in Deutschland in Sachen Bildung alles schief? Alles sicher nicht, aber eben vieles.

In den USA hat man nach dem Sputnik-Schock einiges geändert: Dort steuert man die Bildung seit damals zentral, und das ist nachgewiesenermaßen einfacher zu handhaben. Der damalige US-Präsident Dwight D. Eisenhower gab der Bildung einen höheren Stellenwert als der Raketenproduktion. Er legte ein Programm vor, für das insgesamt 1,6 Milliarden Dollar zur Verfügung standen. Diese Mittel flossen über einen Zeitraum von vier Jahren als zusätzliche Bundesmittel in das Bildungssystem. Sie wurden verwendet, um das Jahresbudget der National Science Foundation auf 134 Millionen Dollar zu vervierfachen. Es wurden weiter 20 000 Stipendien vergeben, die Lehrerausbildung wurde gefördert und der Bau neuer Schulen bezahlt.

Mit diesen Maßnahmen wurde das Hauptaugenmerk auf die Förderung der bislang bildungsfernen Schichten gelegt, die eine noch nicht aktivierte Bildungsreserve darstellten. Die Pläne von Eisenhower sahen aber ebenso eine Förderung geisteswissenschaftlicher Fächer wie der Politikwissenschaft, der Soziologie und der Sprachwissenschaften vor. «Durch diese Förderung sollten weise Führer hervorgebracht werden, die die technologischen Errungenschaften zum Wohle des amerikanischen Volkes einsetzen können.» So pathetisch klang damals die Propagandamaschinerie des Weißen Hauses in Washington.

Böse Überraschung für hilflose Eltern

Die Spatzen pfeifen es von den Dächern der deutschen Schulen: Die hohe Zahl an kranken Lehrern führt zu massivem Unterrichtsausfall. Das zeigt auch ein Beispiel aus einer Berliner Grundschule in dem Problembezirk Berlin-Hellersdorf. In diesem Teil unserer Hauptstadt lebt mehr als die Hälfte der Einwohner von Transferleistungen, also Sozialleistungen wie Hartz IV, und das schon sehr lange. Der typische Haushalt sieht hier anders aus als im bundesdeutschen Durchschnitt. Das ist übrigens kein plattes Vorurteil. Oft haben die Mütter mehrere Kinder von mehreren Vätern, und Bildung ist für diese Familien fast immer ein Fremdwort. Kinder aus diesen Familien haben es in der Schule oft sehr schwer, sie sind verhaltensauffällig, können sich nicht länger als nur wenige Minuten konzentrieren und sitzen mehrheitlich im Unterricht, ohne gefrühstückt zu haben. Das führt zu Konzentrationsschwäche, und häufig sind diese Kinder auch weitaus aggressiver als ihre Freunde aus geregelteren Verhältnissen.

Einige der Eltern tauchten kürzlich im Sekretariat dieser Grundschule in Berlin-Hellersdorf mit Journalisten auf, um den Schulleiter zur Rede zu stellen. In der Schule werde nur noch von Montag bis Donnerstag unterrichtet. Am Freitag würden die Kinder einer Klasse nur noch mit Aufgaben beschäftigt, klagen sie. Oft sollten sie diese sogar zu Hause machen, weil kein Aufsichtspersonal zur Verfügung stehe.

Der Schulleiter, der zu diesem Zeitpunkt nicht anwesend war, konnte nur nachträglich Stellung nehmen: «Das stimmt nicht. Ich habe eine Ersatzlehrerin eingesetzt. Der Unterricht verlief regulär.» Er bestätigte dann allerdings, dass zwischen 25 und 30 Prozent der Lehrer seiner Schule in den zurückliegenden Wochen und Monaten krank waren. An einigen Schulen im Bezirk soll der Krankenstand sogar bis zu 50 Prozent betragen haben. Und das an Schulen, an denen zahlreiche Kinder eine besondere Förderung benötigen. Doch das war noch nicht alles. Der Schulleiter habe aus dem Pool der Berliner Senatsverwaltung für Bildung Ersatzlehrer angefordert. Von diesen wolle aber kaum einer nach Hellersdorf. Das hänge wohl mit dem schlechten Image des Bezirks zusammen.

Die Eltern waren geschockt. Die Berliner Schulaufsicht sieht in Personalfragen allein die Schulen in der Verantwortung. Die Ausstattung mit Lehrern betrage im Durchschnitt die geforderten 100 Prozent. Das ist aber insofern realitätsfremd, als dass, sobald auch nur ein Lehrer ausfallen sollte, schon Unterrichtsstunden gestrichen werden müssen. Und Ersatzlehrer scheuten oft den weiten Weg nach Marzahn-Hellersdorf, so die Aufsichtsbehörde. Man stelle sich vor: Die Lehrer werden dafür bezahlt, scheuen sich aber, einige Kilometer mit dem Auto oder den öffentlichen Verkehrsmitteln auf sich zu nehmen.

Der Elternvertreter dieser Schule nimmt den Schulleiter in Schutz. Was kann der auch dafür? «Unser Schulleiter macht, was er kann», so der Vater eines betroffenen Schülers. Dennoch sei es zu Unterrichtsausfällen gekommen. In einigen

Klassen sei an manchen Tagen nur bis Mittag unterrichtet worden. Der Vater sieht den schwarzen Peter bei der Schulverwaltung. So sehen es übrigens auch parteiübergreifend lokale Politiker. Die Lehrer-Feuerwehr bei der Senatsverwaltung funktioniere offensichtlich nicht, sagt ein Vertreter der Berliner CDU. Allein schon wegen der überalterten Lehrerschaft reiche eine 100-prozentige Ausstattung der Schulen mit Lehrern nicht. «Aus den 100 Prozent Lehrern müssen wir mindestens 110 Prozent machen», so der Kommunalpolitiker. Im Moment stehen jeder Schule laut Gesetz nur 100 Prozent Auslastung zu. Weiter sollten sich die Springer unter den Lehrern verpflichten, im gesamten Stadtgebiet zu unterrichten und nicht nur dort, wo sie ohne große Schwierigkeiten und Zeitverlust hinkommen.

In diesem kleinen Kiez von Berlin könne mehr als die Hälfte aller Kinder bei den Hausaufgaben nicht mit der Unterstützung ihrer Eltern rechnen. Die Eltern sind überfordert, und die Hausaufgaben stellen eine unüberwindbare Hürde für sie dar. Wenn diese Kinder auch noch in der Schule alleingelassen werden, werden sie keinen Schulabschluss schaffen, was ihre Chancen auf einen Ausbildungsplatz zunichtemacht. Diese Kinder müssen elternunabhängig gefördert werden.

Das Beispiel dieser Schule zeigt, dass die Kinder ohne eine intensive Betreuung vonseiten der Schule für die Zukunft verloren sind. Keines der Kinder aus den bildungsfernen Familien wird an einem Freitag, alleingelassen von Eltern und Lehrern, etwas für die Schule und damit für sich selbst tun. Wie denn auch, wo sie es doch nirgendwo gelernt haben? Diese Versäumnisse können die Kinder später nicht mehr aufholen. Der erste Schritt in Richtung eines bildungspolitischen Desasters ist getan. Und das, obwohl alle Kinder laut UN-Kinderrechtskonvention ein Recht auf Bildung haben. Alle Unterzeichner, und dazu gehört auch Deutschland, haben sich verpflichtet, Kindern vor Ort den Zugang zu Bildung, Freizeit, Sport und Kultur zu ermöglichen.

«Die Schwachen geben das Tempo vor.»
Aus dem Leben eines gestressten Vaters

Mein 13-jähriger Sohn will Arzt werden. Die gute Nachricht: Die erste Hürde hat er genommen. Er hat es aufs Gymnasium geschafft. Das war nicht einfach. Er kam an seiner Berliner Grundschule mit zwei Lehrern nicht klar, und die wollten uns einreden, unser Junge hätte nicht das «Zeug für eine höhere Ausbildung». Ich bin ein liebevoller Vater und auf dem bildungspolitischen Auge mit Sicherheit nicht blind. Mein Sohn liest sehr viel, ist vielseitig interessiert, lernt viel, hat aber eine große Klappe. Und das ist auch gut so. Wenn ich heute das Wort «Grundschule» nur höre, stellen sich bei mir die Nackenhaare auf. Meine Frau und ich haben noch drei jüngere Kinder. Auch die gehen – noch – auf eine staatliche Schule. Zurzeit suchen wir aber nach Alternativen in der schulischen Ausbildung unserer Kinder. Das heißt, wir wollen unsere Kinder auf eine Schule in privater Trägerschaft schicken.

An der Schule meines Sohnes war die Qualität des Unterrichts erbärmlich. Mein Sohn sagte mir, das Tempo in seiner Klasse sei sehr langsam gewesen. Von einigen anderen Eltern habe ich Ähnliches gehört. Es scheint also zu stimmen. Auf seiner neuen Schule hat mein Sohn daher auch zu kämpfen, gegenüber der Mehrheit seiner jetzigen Schulfreunde liegt er mit seinem mangelhaften Vorwissen fast ein Jahr zurück. Dazu muss ich sagen, er geht jetzt auf eine konfessionelle, private Schule mit angeschlossenem Internat.

Natürlich habe ich mir inzwischen so meine Gedanken gemacht. Woran liegt das? Vor allem gab ihm die alte Schule keine Orientierung. Die Lehrer waren fast alle über 50 Jahre alt und haben auch schon dem DDR-System als treue Pädagogen gedient. O.k., man soll jedem eine zweite Chance geben, aber es kann doch nicht sein, dass die politische Meinung meines Jungen – er ist sehr an Politik interessiert – sich in seinen Noten widerspiegelt. Auch ich bin politisch aktiv, in einem Berliner Bezirksparlament. Mein Sohn musste sich deshalb mehrfach Kritik über mich anhören. Was haben meine politischen Aktivitäten mit der schulischen Leistung meines Sohnes zu tun?

Natürlich habe ich mehrfach mit den früheren Lehrern der Grundschule meines Sohnes gesprochen. Es gab auch Klagen von anderen Eltern. Aber die Argumente von uns Eltern, das Tempo im Unterricht der Schule sei zu langsam, wurden von der Schulleitung abgeschmettert. «Wir liegen in der Norm, und alles bleibt, wie es ist!», sagten uns die Lehrer immer wieder. Ich hatte verstanden. Man wollte nichts unternehmen. Für mich war klar: Auf unsere Grundschule konnte ich nicht zählen. Und es war mir auch plötzlich klar, warum Schulen in privater Trägerschaft so boomen. Ich tat, was viele Eltern auch tun, ich meldete meinen Sohn bei einem privaten Nachhilfelehrer an. Der war gut, und meinem Sohn machte das zusätzliche Lernen bei ihm Spaß. Doch der Nachhilfeunterricht kam für ihn etwas zu spät, ganz abgesehen davon, dass er sehr teuer war.

Was machen eigentlich die Kinder von Eltern, die für einen solchen Ergänzungsunterricht kein Geld haben? Sind diese Kinder zum Scheitern verurteilt? Ich fragte meinen Sohn damals, warum ihm denn der Nachhilfeunterricht mehr Spaß mache als seine Schule. «Der kann mir das alles besser erklären», antwortete er. Der Nachhilfelehrer gab mir regelmäßig eine Einschätzung der Leistungen meines Jungen. Seine Lehrer hätten das nicht von sich aus getan, das funktionierte nur auf Anfrage.

Sind die Lehrer grundsätzlich von ihrer Situation überfordert, oder haben sie einfach nur keinen Bock mehr? Ich weiß das bis heute nicht. Mein Mitleid gilt heute allen Eltern und Kindern, die noch auf diese Schule angewiesen sind und die sich keinen privaten Ergänzungsunterricht leisten können. Von Chancengleichheit kann keine Rede sein. Das wäre anders, wenn die öffentlichen Schulen ihren Auftrag erfüllen würden. Der Markt spürt Ineffizienzen und Ineffektivitäten zum Glück rasch auf. Es gibt immer mehr private Schulen. Natürlich liegt die Schuld an dem schlechten Leistungsangebot vieler Grundschulen und anderer staatlicher Schulen nicht nur bei den Lehrern, die Missstände ausbaden müssen, deren Ursachen im System liegen.

In meinem Stadtbezirk, in dem ich seit meiner Geburt lebe, wohnen heute auch viele sozial schwache Familien. Aber deswegen kann und will ich nicht aus meinem Kiez wegziehen. Viele andere tun das oder haben das schon getan. So wächst hier bei uns der Anteil der Menschen, die von Transferleistungen leben müssen. Deren Kinder starten ihre Schulkarriere unter ganz anderen Voraussetzungen. Sie stören den Unterricht und beherrschen nicht einmal die einfachsten Voraussetzungen, um auf eine Schule zu gehen: Sie können nicht länger als fünf Minuten auf ihrem Stuhl sitzen bleiben. Und da ein großer Teil der Kinder aus der Klasse meines Sohnes aus solchen Familien stammte, richteten sich die Lehrer nach dem Lerntempo dieser Kinder. Nein, das ist falsch ausgedrückt. Sie haben sich nach dem Tempo der leistungsschwachen Kinder gerichtet. Diese Kinder gaben das Tempo vor, und das wird heute nicht anders sein. Darüber bin ich sehr enttäuscht.

Wenn das Leistungsgefälle in einer Schulklasse so hoch ist, warum unterrichten dann nicht zwei Lehrer in dieser Klasse? Es ist doch Betrug an den Kindern und ihren Eltern, wenn die Schule in einem solchen Fall nicht handelt. Die leistungsschwachen Kinder können doch nicht bestimmen, was mein Kind lernt. Das ist ja eine Diktatur der Leistungsschwachen, der Bildungsfernen in unserem Land. Muss irgendwann jeder Bildungsbürger aus seinem Stadtbezirk wegziehen, um Platz für die zu machen, die nicht wollen oder die von mir aus auch nicht können?

Als mein Sohn aufs Gymnasium kam, gratulierte ihm keiner seiner ehemaligen Lehrer, aber jetzt beansprucht die Schule meinen Jungen als ihren Erfolgsfall. Mein Nachbar erzählte mir kürzlich, dass in der Klasse seiner Tochter, die auf ebendiese staatliche Grundschule geht, mein Sohn als Musterbeispiel hingestellt wurde. «Wenn ihr so fleißig lernt wie der Lars P., dann könntet ihr auch später das Abitur machen.» Das soll ausgerechnet der Lehrer gesagt haben, der meinen Sohn jahrelang schikanierte.

Auch unzufriedene Eltern, die sich über das Leistungsniveau der Schule beschweren, werden also zukünftig von der Schulkarriere meines Kindes hören. Mein Sohn hat aber *trotz* dieser Schule und *trotz* dieser Lehrer den Sprung auf eine höhere

Schule geschafft. Darauf kann er stolz sein. Aber die Lehrer seiner früheren Grundschule leben weiter in der Illusion, gut zu sein, und täuschen sich damit selbst. Es wird langsam Zeit, dass sich die öffentlichen Schulen der Realität stellen. Aber wollen sie das?

Schlechtes Fördersystem an den Schulen

Statt schon sehr früh die individuellen Fähigkeiten von Schülerinnen und Schülern zu fördern, wird in Deutschland viel Geld für Klassenwiederholungen, Nachhilfeunterricht und separate Förderschulen ausgegeben, und dieses Geld ist fast immer verschenkt. Wenn es aussagefähige Indikatoren für eine fehlende Förderung in den deutschen Schulen gibt, so ist das die Quote von Klassenwiederholungen. In Deutschland bleiben pro Jahr rund 200 000 Schüler sitzen. Aber nicht nur das, auch der Anteil von Kindern, die in separaten Förderschulen lernen müssen, gibt Anlass zur Besorgnis. Obwohl wir für unser Schulsystem einen großen Anteil der Steuergelder ausgeben, müssen immer mehr Eltern ihren Kindern mit privat finanzierter Nachhilfe unter die Arme greifen. Und das ist teuer und nicht immer richtig investiert. Die Bertelsmann Stiftung hat deshalb in den Jahren 2009 und 2010 drei Studien in Auftrag gegeben, welche die Situation in den Schulen auf der Basis von internationalen und nationalen Daten ausführlich beschreiben.

Alle drei Studien, aus denen wir hier einige Ergebnisse wiedergeben, ergeben ein eindeutiges Bild: Mit einem Blick auf die Kompetenzentwicklung der Kinder sind Klassenwiederholungen weder für leistungsstarke Kinder noch für leistungsschwache Kinder förderlich. Das «Sitzenbleiben» bringt den

Kindern also keine zusätzliche Qualität und ist in den meisten Fällen vollkommen überflüssig. Gleichwohl nimmt das «Sitzenbleiben» im deutschen Schulalltag nach wie vor einen breiten Raum ein.

Im Schuljahr 2008/09 blieben etwa 184 000 Kinder an allgemeinbildenden Schulen sitzen. Das entspricht einem Anteil von 2,2 Prozent und hört sich zuerst einmal nicht schlecht an. Die Bedeutung von Klassenwiederholungen für den Alltag an unseren Schulen wird aber erst deutlich, wenn anstelle der Quoten der Wiederholungen eines Jahres jene Quoten betrachtet werden, die deutlich machen, wie hoch der Anteil der Kinder ist, die bis zum Ende ihrer Pflichtschulzeit im allgemeinbildenden Schulwesen mindestens einmal eine Klasse wiederholt haben: Laut der PISA-Studie 2003 waren dies mit 23,1 Prozent nahezu ein Viertel aller 15-Jährigen. Diese in der Tat fast immer unsinnige und was ihr Ziel, die Leistungssteigerung, angeht, auch unwirksame Maßnahme, kostet den Steuerzahler immens viel Geld, nämlich Jahr für Jahr in etwa 0,8 Milliarden Euro.

Aber es gibt eine noch härtere Strafe für Kinder und Jugendliche, die aus der Sicht ihrer Lehrer den Leistungsanforderungen einer Klasse oder einer Schule nicht gerecht werden. Das ist der Platzverweis, die Überweisung in die Förderschule, in die Sonder- oder Lernbehindertenschule, wie man diese Schulform früher bezeichnet hat. Die Förderschule hat heute als einzige Schulart den Förderauftrag in ihrem Namen, obwohl sie diesem Anspruch fast nie gerecht wird. Nur ganz selten gelingt Kindern der Sprung von einer solchen Schule zurück auf eine Regelschule. Auch schaffen von den Absolventinnen und Absolventen der Förderschulen mehr als 75 Prozent keinen Hauptschulabschluss.

Das Förderpotenzial dieser Schulen und ihrer Lehrer ist also gering. Das liegt auf der Hand, fehlen den Schülern doch fast immer Anregungen für eine bessere Leistung, da es in diesen Schulen an Vorbildern mangelt. Deutschland ist in Sachen Förderschulen internationaler Spitzenreiter. Fast nirgendwo gibt es sonst noch diese Schulform. Im EU-Durchschnitt lernen mehr als 70 Prozent der Kinder mit Behinderung an einer ganz normalen Schule. Über diese Form des Miteinanders wird in Deutschland schon seit vielen Jahren diskutiert, ohne dass Verbesserung für die betroffenen Kinder geschaffen würde. Auch das ist ein weiterer Grund, sich vom föderalen System zu verabschieden und die Bildungshoheit dem Bund zu übergeben.

In Deutschland werden fast 400 000 Kinder mit Förderbedarf an diesen eigens für sie betriebenen Spezialschulen unterrichtet. Fast 90 000 Kinder werden trotz Lernschwierigkeiten und Förderbedarf in Regelschulen integrativ unterrichtet. Das scheint zu funktionieren. Diese Kinder brauchen vor allem mehr Aufmerksamkeit und eine individuelle Betreuung. Das geht wiederum nur mit mehr Lehrern, Erziehern und Sozialarbeitern.

Der frühere amerikanische Präsident John F. Kennedy hat einmal gesagt: «Es gibt nur eine Sache auf der Welt, die teurer ist als Bildung: keine Bildung!» Also müssten mehr Lehrer ausgebildet und finanziert werden, da das für den Steuerzahler immer noch billiger ist als die Folgekosten einer verfehlten Bildungspolitik. Lebenslänglich Hartz IV und unzählige Fördermaßnahmen, aber auch volle Gefängnisse sind auf Dauer von Steuerzahlern nicht zu finanzieren.

Wann eine sonderpädagogische Förderung notwendig ist, variiert von Bundesland zu Bundesland erstaunlich. Im Schuljahr 2008/09 wurden in Deutschland sechs Prozent der Schüler in den Jahrgangsstufen eins bis zehn in Förderschulen oder in Regelschulen sonderpädagogisch betreut. In Mecklenburg-Vorpommern waren es aber 11,7 Prozent, in Rheinland-Pfalz dagegen nur 4,3 Prozent. Das ist ein gewaltiges Gefälle zwischen diesen beiden Bundesländern. Die Wahrscheinlichkeit, in Mecklenburg-Vorpommern als Förderkind abgestempelt zu werden, ist also 2,5-fach höher als in Rheinland-Pfalz.

Woran kann das liegen? Sind die Kinder aus dem Nordosten dümmer als die aus dem Südwesten? Vermutlich nicht. Der Grund mögen unterschiedliche Bewertungsschlüssel sein, und das zeigt uns wieder einmal die Schwächen unseres föderalen Bildungssystems. Bildungspolitik wird auch hier auf Kosten der schwächeren Kinder gemacht. Wir brauchen einen einheitlichen Bewertungsschlüssel in Sachen Bildung, für alle Kinder, für ganz Deutschland, zum Wohl unserer Kinder.

Obwohl der getrennte Unterricht von Kindern und Jugendlichen mit sonderpädagogischem Förderbedarf in speziellen Schulen wenig Erfolg verspricht, erfordert er sehr hohe finanzielle Mittel. Für die fast 400 000 Kinder, die im Schuljahr 2007/08 in Deutschland in Förderschulen unterrichtet wurden, gaben die verschiedenen Bundesländer allein für zusätzliches Lehrpersonal rund 2,6 Milliarden Euro aus. Den Ländern scheint also genug Geld zur Verfügung zu stehen. Warum nur legt man es falsch an? Würde dieses Geld in Förderprogramme gesteckt, die schwachen Kindern helfen, einen Schulabschluss zu erhalten, hätte man doch ein großes Ziel vor Augen. Doch das überlässt man offensichtlich lieber privaten Stiftungen. Es scheint von staatlicher Seite keine Bereitschaft zu geben, die Zustände zu verändern. Das ist sehr traurig.

Von diesen grundsätzlichen Defiziten bei der individuellen

Förderung von Kindern in Deutschland lebt der boomende Nachhilfemarkt. Bundesweit erhalten etwas über eine Million Kinder Nachhilfeunterricht. Ein Viertel von ihnen nutzt dafür privatwirtschaftlich betriebene Institute, und die Mehrheit lässt sich von Lehrern und Studenten außerhalb der Schule zusätzlich fördern. Das kostet sehr viel Geld, und nicht alle können sich das leisten. Auch hier haben die Kinder aus weniger finanzkräftigen Familien wieder das Nachsehen.

Deutschlandweit summieren sich die finanziellen Mittel, die für Nachhilfeunterricht jährlich ausgegeben werden, auf bis zu 1,5 Milliarden Euro. Und das ist eine vorsichtige Schätzung. Nachhilfe mag ja für den Einzelnen effektiv sein, grundsätzlich muss aber der so stark verbreitete Nachhilfeunterricht als Mahnung verstanden werden. Als Mahnung vor allem an unser Schulsystem, dass der Staat allen Kindern einen Schulerfolg ermöglichen muss, denn viele Familien in Deutschland können sich einen zusätzlichen privaten Unterricht nicht leisten.

Warum nimmt man sich nicht das Bundesland Baden-Württemberg als Vorbild? Hier müssen nur 1,4 Prozent der Schüler eine Klasse wiederholen. Anstatt für Klassenwiederholungen bundesweit Milliarden auszugeben, könnte man dieses Geld besser in die individuelle Förderung der Kinder stecken. Und das geht eben auch wieder nur mit mehr Pädagogen. Warum sparen wir uns nicht die 2,6 Milliarden Euro, die jährlich für Förderschulen ausgegeben werden, die pädagogisch nichts bringen? Deutschland ist durch die Ratifizierung der UN-Konvention über die Rechte von Menschen mit Behinderungen sogar dazu verpflichtet, allen Kindern den Zugang zu den allgemeinen Schulen zu ermöglichen.

Die Tatsache, dass privat finanzierter Nachhilfeunterricht

Kindern aus sozioökonomisch benachteiligten Familien eine individuelle Förderung vorenthält, sollte ein Ansporn für den Ausbau ganztägiger Schulangebote sein. Das fordert die Arche schon seit vielen Jahren. In einer Ganztagsschule kann eine Förderung der Kinder allerdings nur dann besser funktionieren, wenn auch deutlich mehr Lehrer und Erzieher eingestellt werden.

Die Spaltung unserer Gesellschaft

Lernen Schülerinnen und Schüler eigentlich noch das, was sie brauchen, um im späteren Leben einigermaßen klarzukommen? Welche Vorstellungen haben wir von der Schule? Ein britischer Unternehmer, Josiah Stamp, hat das einmal so beschrieben: «Die Schule ist ein System, in dem inkompetenten Unwissenden Unverständliches eingetrichtert wird.» Ist das wirklich so?

In Frankreich hat Jean-Paul Brighelli vor gar nicht allzu langer Zeit die Schule in seinem gleichnamigen Buch als «Idiotenfabrik» beschrieben. Das mag teilweise übertrieben sein, trotzdem spaltet die Schule unsere Gesellschaft und fördert nur die Starken. Die Herkunft eines Kindes entscheidet fast immer über seine intellektuelle Laufbahn. Jedenfalls macht es einen bedeutenden Unterschied, ob man seinen Nachwuchs sich selbst überlässt oder gar als eine sprudelnde Quelle von Transfereinkommen nutzt oder ob man Zeit und Geld in seine Zukunft investiert. Viele Eltern bekommen, ohne groß nachzudenken, Kinder, und diese starten mit einem Handicap in ihr noch junges Leben.

Welche Fähigkeiten müssen Kinder eigentlich erlernen? Die Schule sollte sie für den Alltag fit machen, auch jene, die nicht mit der Hilfe ihrer Eltern rechnen dürfen. Kinder aus dem sogenannten Bildungsbürgertum beginnen ihre Schullaufbahn mit einem riesigen Vorsprung. Das zeigt sich schon an der Gesundheit. Personen mit einem niedrigeren Bildungsabschluss leben ungesünder. Das merken wir vor allem bei vielen Kindern, die in Deutschland die Archen besuchen.

So gut wie alle diese Kinder essen zu viele Süßigkeiten, wenig Obst und Gemüse, und sie essen vor allem nicht regelmäßig. Der größte Teil der Kinder, die in unsere Einrichtungen kommen, nimmt mittags oder nachmittags bei uns das erste Mal etwas zu sich. Warme Mahlzeiten gibt es zu Hause selten. Und unter diesen Voraussetzungen müssen sie mit den Kindern aus dem Bildungsbürgertum mithalten.

Die Welt, in die alle Kinder nach der Ausbildung hinausgehen, ist eine Welt, in der immer mehr Menschen ihren Lebensunterhalt in der Wissenswirtschaft verdienen. Zugleich ist es eine Welt, in der sowohl der Einzelne als auch die Gesellschaft vor größeren sozialen und wirtschaftlichen Herausforderungen steht. Das fängt an bei dem immer härteren Wettbewerb, einen Job zu ergattern, von dem man auch leben kann, und hört bei der Finanzierung der eigenen Altersvorsorge auf. Ein großer Teil der Menschen scheitert schon bei der Jobsuche und muss nach der Schulzeit auf der Verliererseite des Lebens stehen. Der Anteil der Jobs, von denen man nicht leben kann, weil sie zu schlecht bezahlt werden, steigt kontinuierlich.

Was muss man also können, wenn man die Schule verlässt? Man sollte fähig sein, Instrumente wie Sprache und Computer sicher zu benutzen. Wichtig ist es auch, mit Menschen aus anderen Kulturkreisen zu kommunizieren. Die Fähigkeit zum autonomen Handeln ist ebenfalls zentral. Um das alles zu erlernen, sollten Kinder, bevor sie in die Schule kommen, schon eigene Vorkenntnisse mitbringen. Die fehlen aber vielen Kindern bei der Einschulung. Was macht die Qualität eines Kindes, so wie es die Gesellschaft sieht, aus? «Die Qualität eines Kindes ist der Ausdruck der Gesamtheit jener Güter und auch Dienstleistungen, die Eltern einem Kind zukommen lassen», so sieht es der Soziologe Heinz Bude. Das hört sich zuerst einmal einleuchtend an, weist aber bereits auf die Spaltung unserer Gesellschaft hin.

Leider verlassen heutzutage immer mehr junge Menschen die Schule, ohne Eigenschaften wie Charakterstärke entwickelt zu haben, und manchmal fehlt es sogar an elementaren Fertigkeiten wie Lese- und Schreibkenntnissen. Die Schule kommt ihrem Bildungsauftrag also nur begrenzt nach. Das ist eigentlich logisch, denn die Lehrer sind Kinder unserer Zeit. Sie sprechen in einer Sprache, die der Vorsitzende der Hanns-Seidel-Stiftung in München, Hans Zehetmair, als «Fetzenliteratur» bezeichnet. Junge Menschen lernen durch Kurzmitteilungen auf Twitter oder in SMS eine Sprache, die mit literarischer Hochkultur wenig zu tun hat. Die Sprache verändert sich von Tag zu Tag, von Stunde zu Stunde. «Wir sind weltweit in zivilisatorischen Gesellschaften auf dem gefährlichen Weg, dass immer weniger gelesen, immer mehr Fetzenliteratur gepflegt wird», sagt er. Und damit sind auch unsere Lehrer gemeint. Auf einer Lehrerfortbildung, an der wir als Referenten teilnahmen, erzählte uns ein Lehrer, er habe in seinem Leben noch keine zehn Bücher gelesen. In dieser Aussage klang ein gewisser Stolz mit. Selbst Hochschullehrer beklagen immer wieder die mangelnde Qualität von Diplom-, Magister- und Bachelorarbeiten, denen anzumerken sei, dass kaum jemand sich die Zeit nimmt, ganze Sätze zu formulieren.

Nach Angaben von Linguisten müssen 20 bis 25 Prozent der heute in Deutschland lebenden 15-Jährigen als funktionale Analphabeten bezeichnet werden. Das heißt, diese Kinder können zwar einzelne Wörter lesen, verstehen aber den Zusammenhang eines Textes nicht. Die Rolle der Eltern und damit die Herkunft wird in unserer unübersichtlichen Zeit immer wichtiger. Wenn schon ein nicht kleiner Teil der Lehrer wenig draufhat, können nur noch die Eltern helfen, und viele von denen sind überfordert. Auch muss man sich einmal vorstellen, was passiert, wenn diese funktionalen Analphabeten wieder Kinder bekommen.

In Deutschland dürfen zwar alle Kinder in die Schule gehen, aber sonst schneidet Deutschland im globalen Vergleich nicht besonders gut ab. Die Experten der UN-Kulturorganisation UNESCO wollen dem deutschen Bildungssystem keine guten Noten ausstellen. So gehen nur 53 Prozent der Drei- und 78 Prozent der Vierjährigen in einen Kindergarten. Das wirkt sich besonders nachteilig auf Kinder aus sozial schwächeren Familien und auf Kinder mit Migrationshintergrund aus. Mit mehr als zehn Prozent an Schulkindern, die nie eine Vorschule besucht haben, hinkt Deutschland im internationalen Vergleich hinterher.

Auch die UNESCO geht übrigens davon aus, dass knapp ein Viertel der 15-Jährigen in Deutschland als Risikogruppe gilt, weil sie Texte nur rudimentär verstehen. Laut dieser Studie sind das in Deutschland bis zu sieben Millionen Menschen, die schlechte Chancen auf dem Arbeitsmarkt haben. Auch bei der Qualität der Bildung stellt die UNESCO den Deutschen ein schlechtes Zeugnis aus. Schulbücher und Lehrmethoden sind veraltet, die Lehrpläne zu starr und die bürokratischen Hürden zu hoch. Dazu kommt noch das fortgeschrittene Alter zahlreicher Lehrer und der damit verbundene hohe Krankenstand.

Verglichen mit der Bildungsmisere in ärmeren Regionen der Welt sind die deutschen Schulverhältnisse allerdings trotzdem geradezu paradiesisch. Das UN-Kinderhilfswerk UNICEF teilt mit, dass jedes sechste Kind auf der Welt immer noch keine Chance hat, überhaupt lesen und schreiben zu lernen. Über 120 Millionen Kinder können weltweit nicht einmal eine Grundschule besuchen. UNICEF beklagt hier vor allem die Benachteiligung der Mädchen, die meist auf einen Schulbesuch verzichten müssen, weil kein Geld vorhanden ist oder weil Arbeitskräfte gebraucht werden.

Was die Kinder in der Dritten Welt lernen, orientiert sich häufig nur an einer Frage: Wie kann die Familie den morgigen Tag überleben? So weit ist es in Deutschland sicher noch nicht. Aber es ist schon traurig, dass wir das deutsche Bildungssystem nicht mehr mit dem von Finnland, Holland oder Japan vergleichen, sondern uns mit Entwicklungsländern messen. Wenn man bedenkt, dass in Deutschland jedes Kind zur Schule gehen darf, ist es schockierend, dass es so viele Analphabeten gibt. Das hat es bis heute noch nicht gegeben. Auffällig ist auch, dass fast ausschließlich Kinder aus bildungsfernen Schichten in der Schule scheitern.

In den Archen bieten wir deshalb Nachhilfe- und Förderunterricht an. Wir bezahlen unseren Kindern und Eltern den Musikunterricht und die Mitgliedschaft in Sportvereinen. Ohne eine solche Hilfe von außen würden weit über 90 Prozent der Arche-Kinder früher oder später scheitern. Der Bildungsnotstand ist nämlich nicht nur ein Symptom der Armut, er ist zugleich ihre Ursache. Unsere Politiker haben bisher kein Mittel gefunden, diesen Teufelskreis zu durchbrechen. International betrachtet gibt es drei Hürden, die im Kampf gegen Kinderarmut beseitigt werden müssen:

- Das erste Hindernis ergibt sich aus der anhaltenden Krise postkolonialer Staaten. Auch Jahrzehnte nach der Unabhängigkeit sind die Staaten immer noch Gebilde, in denen sich die politische Führung nicht dem Allgemeinwohl verpflichtet fühlt.
- Das zweite Hindernis sind Kriege. Sie behindern die Entwicklung der Bildungssysteme in vielen Ländern. Schulen sind in Krisengebieten kaum vorhanden. Die Politiker haben andere Probleme, die es zu lösen gilt.
- Die dritte, für viele Staaten, darunter auch Deutschland, nicht zu überwindende Hürde ist schließlich der Geldmangel.

Zumindest wollen uns das unsere Politiker so verkaufen. Eines dürfen wir uns nur nicht vormachen: Ohne Geld ist unser – übrigens hausgemachtes – Bildungsproblem nicht zu lösen. Wir brauchen Geld für mehr Lehrpersonal, vor allem für gut und zusätzlich ausgebildete Lehrer und Erzieher, die zum Teil die Aufgaben mitübernehmen können, die eigentlich die Eltern der Kinder wahrnehmen sollten. Wir brauchen aber auch Geld für Ärzte, Psychologen und Sozialarbeiter als Entlastung für die Lehrer. So können sich die Lehrer ganz auf das Vermitteln von Wissen konzentrieren.

Für den Alltag ist die Fähigkeit, zu lesen und zu schreiben, nämlich ein Basiselement, das wir täglich brauchen. Für die Mehrheit der Bevölkerung mag das Fehlen dieser elementaren Kenntnisse im Erwachsenenalter unverständlich sein, weil es nach einer abgeschlossenen Schullaufbahn als selbstverständlich vorausgesetzt werden sollte, dass sie beherrscht werden. Lesen und Schreiben bedeutet schließlich Kommunikation. Wer diese Grundkenntnisse nicht hat, kann auch nicht kommunizieren und müsste leben wie Robinson Crusoe auf seiner einsamen Insel.

Lesen und Schreiben ist weiter gleichzusetzen mit Macht, Einfluss und Unabhängigkeit. Wichtige allgemeine Informationen können nur mit Hilfe Dritter beschafft werden, aber auch alltägliche Tätigkeiten wie Zeitung lesen oder im Internet surfen, sogar der banale Einkauf im Supermarkt oder bestimmte Formen der Freizeitgestaltung sind nicht alleine möglich, wenn man weder lesen noch schreiben kann. Das führt letztendlich dazu, dass Analphabeten kaum dazu in der Lage sind, ein selbstbestimmtes Leben zu führen.

Analphabetismus hängt stark vom sozialen Umfeld ab. Ist dieses Umfeld vorwiegend von mündlicher Kommunikation geprägt, ist die Analphabetenrate höher. In Industriestaaten werden nach absolvierter Schulpflicht die Schüler entlassen, ganz gleich, ob sie das je nach Schultyp erforderliche Wissen haben oder nicht. Bei einer banalen Führerscheinprüfung verfährt man anders: Ohne bestandene Prüfung darf niemand Auto fahren.

Warum scheitern Kinder in der Schule, und das nicht nur beim Lesen und Schreiben? Im Elternhaus angefangen, zeigt sich, dass kritische Ereignisse, bei denen Hilfe von außen nötig gewesen wäre – die Scheidung der Eltern oder häusliche Verwahrlosung –, häufig von Vernachlässigung und Gleichgültigkeit durch Bezugspersonen wie die Eltern gekennzeichnet sind. Die Eltern – bzw. die oft überforderte alleinerziehende Mutter – zeigen wenig Interesse an ihren Kindern. Die Kinder werden abgeschoben und je nach Laune für einige Tage wiedergeholt. Eine Mutter aus einer Arche zum Beispiel hat ihre Kinder vor einigen Jahren beim Kindernotdienst abgegeben.

Sie hatte schlichtweg «keinen Bock mehr auf die anstrengenden Nölen». Als die Kinder sie in den Schulferien besuchten, rief sie Bekannte an, ob die sich in dieser Zeit nicht um sie kümmern könnten. Nach zwei Tagen wollte sie die Kinder zurück, aber bereits nach einer Nacht hatte die junge Mutter die Nase von ihnen wieder voll. Dass die Kinder bei diesem Hin und Her Schaden nehmen, davon wollte die Mutter nichts wissen: «Die machen das schon.» Und das ist kein Einzelfall, wir erleben dergleichen immer wieder. Konflikte der Eltern oder zerrüttete Familienverhältnisse empfinden Kinder als psychische Belastung.

Eine weitere Prägung erhält die Biographie der betroffenen Kinder durch Gewalt, Bestrafungen und Alkoholmissbrauch in der Familie. Hinzu kommt hier fast immer, dass die Eltern dauerhaft arbeitslos sind, was sich vor allem ökonomisch auf die Familien auswirkt. Die Negativerfahrungen setzen sich dann in der Schule und eventuell in der Arbeitswelt fort. Wie soll ein Kind lernen, morgens aufzustehen, wenn die Eltern oder in den meisten Fällen die alleinerziehende Mutter ihnen das noch nie vorgemacht haben?

In den Archen sorgen wir dafür, dass jeder Jugendliche einen Ausbildungsplatz erhält, ganz gleich, ob mit Schulabschluss oder ohne. Jeden Morgen auch pünktlich zu erscheinen ist für viele Jugendliche schwieriger als vieles andere. Auch Autoritäten anzuerkennen, etwa den Vorgesetzten, haben viele nicht gelernt. Bei der ersten Auseinandersetzung werfen die jungen Leute oft alles hin, und damit ist der Arbeitsplatz futsch. Deutschlandweit besuchen Hunderte von jungen Menschen mit diesem tragischen Schicksal die Archen.

Analphabetismus wird in Deutschland laut Marion Döbert vom Bundesverband Alphabetisierung als ein schichtspezifisches Problem betrachtet. Analphabet wird man nur dann, wenn man der Unterschicht angehört, und die wird bei uns nachweislich immer größer. Durch unsere Arbeit haben wir leider erfahren müssen, dass besonders im familiären Umfeld der betroffenen Kinder das schriftliche Wort gemieden wird. Es wird nichts gelesen, der Fernseher läuft den ganzen Tag, und es wird wenig miteinander gesprochen. Bücher sind in diesen Haushalten nicht vorhanden.

Eine Mutter kam kürzlich in unser Büro und fragte uns, was denn die Bild-Zeitung sei. Da würde irgendetwas für sie Wichtiges stehen. Das hatte sie im Fernsehen gehört. Ob wir ihr das mal zeigen könnten. Die Mutter hatte in der Tat noch nie etwas von der Bild-Zeitung gehört. Das war auch für uns wieder mal was Neues. Klaus Wowereit, den Regierenden Bürgermeister von Berlin, bezeichnete eine Arche-Mutter kürzlich als den Präsidenten von Berlin. Eine weitere Mutter sah unlängst in einer Fernsehsendung einen deutschen Prinzen. Den Namen hatte sie vergessen. «Wenn wir einen Prinzen haben, wer ist denn dann die Königin, Frau Merkel? Die will das bestimmt nicht zugeben», so die Mutter von sechs Kindern.

Bei Kindern mit Migrationshintergrund sind die kulturbedingten Geschlechterrollen im Herkunftsland miteinzubeziehen, die sich bei Frauen, was Bildung angeht, stark von den Standards in Ländern wie Deutschland unterscheiden. Viele Mütter, die sich vorwiegend mit der Erziehung ihrer Kinder beschäftigen, sind Analphabeten. Sie können ihren Kindern bei den Hausaufgaben nicht helfen. Aber das ist bei deutschen Familien oft auch nicht anders. Viele Mütter aus bildungsfernen Schichten sind in der Erziehung ihrer Kinder überfordert. Es ist zu vermuten, dass in Deutschland momentan weder familiäre noch finanzielle Unterstützung Kindern im Umfeld von funktionalen Analphabeten hilft. Das zeigen Erfahrungen, die Sozialarbeiter in der aufsuchenden Sozialarbeit in den betroffenen Familien sammeln. Man muss sich also fragen, ob unser Land dem Anspruch, allen Kindern Lesen und Schreiben beizubringen, überhaupt nachkommt. Würden wir das Kinderrecht im Grundgesetz verankern, hätte der Staat ein echtes Problem, denn Lesen und Schreiben beigebracht zu bekommen ist ein Grundrecht, das Kindern zusteht.

Ist die Frage zulässig, warum so viele Kinder in der Schule scheitern? Nein, das wären plumpe Vorwürfe unschuldigen Kindern gegenüber. Die Frage muss anders formuliert werden: Warum werden unsere Schulen ihrem Auftrag nicht gerecht? Diese Frage ist auch ganz einfach zu beantworten.

Unser Bildungssystem schafft es, jenen Schülerinnen und Schülern, deren Eltern an ihren Kindern interessiert sind und aktiv mitwirken, Fachwissen zu vermitteln. Die Schule setzt bestimmtes Verhalten und auch Wissen vom ersten Unterrichtstag an voraus. Kinder, die nicht gelernt haben, stillzusitzen und sich zu konzentrieren, scheitern vom ersten Schultag an. Die Lehrer sind oft von der Schulleitung angewiesen, sich an den Lehrplan zu halten und sich nicht um die übrigen Kinder, überwiegend aus ärmeren Verhältnissen, zu kümmern. Das berichten uns immer wieder Sozialarbeiter, die an Schulen arbeiten.

Was wäre die Alternative? Alle Kinder erhalten eine mittelmäßige Ausbildung? Sicher nicht! Wenn wir unsere Gesellschaft nicht spalten wollen, brauchen wir eine individuelle Förderung aller Kinder. Dafür benötigen wir erheblich mehr

Fachpersonal und mehr Geld. Nur so können wir eine geteilte Gesellschaft verhindern.

Und wer soll in Zukunft die Transferleistungen für Millionen von arbeitslosen Analphabeten finanzieren? Wir werden in Deutschland Fachkräftemangel und gleichzeitig Millionen von Arbeitslosen haben. Und das bei einem steigenden Durchschnittsalter der Bevölkerung. Es gibt also keine Alternative, wir müssen die drohende Spaltung bekämpfen. Wir brauchen einen sozialpolitischen Rettungsschirm, sonst ist die Harmonie in unserem Land gefährdet. Es wäre traurig, in einem Land zu leben, in dem ein großer Teil der Kinder auf der Strecke bleibt.

Wir haben einmal Unternehmer, die die Arche finanziell unterstützen, nach dem Warum gefragt. Eine Antwort hat uns besonders überrascht: Ein Berliner Unternehmer sagte entwaffnend ehrlich, er habe keine Lust, aus dem Fenster zu schauen und verwahrloste und vernachlässigte Kinder zu sehen. Er wolle in einem Land leben, in dem alle zumindest irgendwie anständig leben könnten. Dem würden bestimmt viele Menschen zustimmen. Warum fangen wir also nicht an, etwas zu ändern?

Mario – Der letzte Ausweg

Der 10-jährige Mario steht vor dem neuen Arche-Gebäude in Meißen. Es ist ein sehr milder Tag im Januar. Als eine Arche-Mitarbeiterin die Eingangstür öffnet, zeigt sich auf fast magische Weise ein von der Sonne durchfluteter Vorgarten, in dem der Junge sehr verloren, fast ein wenig ängstlich wirkt. Der kleine Mann aus der übersichtlichen und wunderschönen Stadt in Sachsen steht dort steif wie ein Ast in einer Baumkrone. «Darf ich heute wieder rein?», flüstert er fast unverständlich.

Er weiß genau, dass er für heute Hausverbot bekommen hat. Er weiß auch, dass er unseren Mitarbeitern viel Ärger bereitet hat, andere Kinder bedroht, Pädagogen beleidigt und geraucht hat, trotz mehrerer Ermahnungen. All das ist ihm bewusst. Aber wie er da so steht, bekleidet mit einer dünnen Jeans und einem verwaschenen T-Shirt, leichten Schuhen, ohne Jacke, angezogen wie im Hochsommer, wirkt er verloren, harmlos, wie ein verletzliches Wesen. Gibt es eine Mutter, die sich um ihn kümmert, ist da eine Familie, ein Nest, in dem er Geborgenheit findet? Fragen über Fragen, und Mario ist nicht das einzige Kind, das zu uns kommt und in schwierigen Verhältnissen lebt. Was können wir tun?

Bevor wir ihn für heute wegschicken, machen wir ihm noch

einmal deutlich, dass er sich an die gemeinsam ausgehandelten Regeln halten muss. Wer die nicht einhält, muss natürlich die Konsequenzen tragen. Wir sagen ihm aber auch, dass wir ihn schätzen und uns freuen, dass er zu uns in die Arche kommt, und wir jeden Tag zu jeder Zeit für ihn da sind. Ob er uns zuhört? Ja, wir denken schon und glauben daran.

Mario hat sich in den vergangenen Wochen verändert, und dass er das muss, wird ihm immer bewusster. Das wird auch der Grund sein, warum er trotz kleinerer Strafen immer wieder vor der Tür steht, um hereingelassen zu werden. Was hat der junge Mann sonst vom Tag? Was macht er in seiner Freizeit, in der Zeit nach der Schule? Diese Fragen stellen wir uns in den Archen auch bei anderen Kindern und Jugendlichen immer wieder. Manchmal machen uns die Antworten Angst. So auch bei Mario. «Wenn ich nicht in der Arche bin, hänge ich im Park rum und schlage die anderen Kinder, manchmal aber auch alte Leute. Dann gehen wir zu mir nach Hause und rauchen und trinken Alkohol. Mama ist das egal, die hat nichts dagegen.»

Marios Mutter lebt nur wenige Straßen von der Arche entfernt in einem Mehrfamilienhaus, einem sogenannten sozialen Brennpunkt. Marios kleinerer Bruder ist vier Jahre alt und sein bester Freund. Die beiden spielen sehr viel miteinander, und der Kleine bewundert seinen großen Bruder sehr. Marios Mutter erzählte uns kürzlich, wenn der Bruder nicht wäre, würde Mario wohl nur noch mit seinen Kumpels abhängen. Die Mutter lebt getrennt von dem Vater der beiden Kinder, er wohnt aber in ihrer Nachbarschaft. Sie hat hin und wieder mal einen Freund, der dann auch bei der kleinen Familie wohnt, zum Leidwesen der Kinder. Die hängen immer noch sehr an ihrem Vater. Der ist aber frisch verheiratet und gerade wieder Vater geworden. Seine jetzige Frau sieht es nicht gerne, wenn die Kinder der ersten Frau bei ihnen zu Besuch sind. Außerdem ist Marios Vater Lkw-Fahrer und viel unterwegs. Natürlich leidet der Junge, weil er seinen Vater so wenig sieht. In seiner Freizeit trinkt der Vater sehr viel Alkohol und ist Mario gegenüber auch schon gewalttätig geworden. Trotz allem verteidigt Mario seinen Vater immer wieder, ganz gleich, was er auch macht. Kürzlich haben die beiden sogar einige Gläser Bier miteinander getrunken. Mario ist bis heute sehr stolz darauf und erzählte es jedem Mitarbeiter in unserer Einrichtung.

Wenn Mario nicht in der Arche ist, hängt er fast immer mit seinen Freunden ab. Nur sein kleiner Bruder hält ihn noch zu Hause in seiner kleinen Familie. In die Schule geht er selten. Mario ist mit Sicherheit nicht dumm, hat aber nie gelernt, seine Hausaufgaben zu machen und etwas für die Schule zu tun. Bei der Mutter findet er dabei keine Unterstützung. Auch sie hat keinen Schulabschluss und sieht auch nicht ein, warum Mario für die Schule arbeiten soll. «Der wird doch eh Hartz IV», ist ihre Meinung. So hat der Junge schon mehrfach die Schule gewechselt. Seine Lehrer haben nie zu ihm gehalten und ihn immer wieder fallengelassen, zuletzt auf einer Schule für schwererziehbare Kinder. Auch dort hat er es nicht lange ausgehalten. Mario hat mit dem Leben abgeschlossen. «Dann springe ich eben von der Brücke. Dann ist es aus», vertraut er sich einer Mitarbeiterin unserer Einrichtung an. Und das mit erst zehn Jahren.

Die Arche ist Marios letzter Ausweg. Das wird unseren Mitarbeitern in Meißen nach einem Gespräch mit einem Familienbetreuer deutlich. Die Gesellschaft hat ihn bereits abgeschrieben. Die Lehrer in seiner Schule sind hoffnungslos überfordert. Sie würden ihn am liebsten abschieben, wissen aber nicht, wohin, denn keine Schule will Mario noch aufnehmen. Warum ist das so?

Keine Schule, kein Lehrer nimmt Mario so, wie er ist. Alle wollen ihn als angepassten Schüler sehen, der in ihren funktionierenden Apparat hineingepresst wird. Und wer nicht funktioniert, der fliegt. Die schlechten Bedingungen, unter denen der Junge in seiner nicht funktionierenden Familie lebt, sind den Lehrern gleichgültig. «Was können wir dafür?» ist die einzige Aussage einer Lehrerin, die ihn kurzzeitig unterrichtet. Mehr ist ihr auf unsere Anfrage hin nicht zu entlocken.

Seit der Eröffnung der Arche in Meißen kommt Mario jeden Tag in unsere Einrichtung. Hier ist es warm, hier gibt es etwas zu essen, und hier kann der Junge seine Freunde treffen. Bei uns betätigt er sich vor allem sportlich. Er kann seine Talente zeigen und bekommt immer mehr Selbstbewusstsein. Inzwischen sucht er auch regelmäßig das Gespräch mit den Arche-Pädagogen. In diesen Momenten lernen sie Mario als einen liebenswürdigen, begabten Jungen kennen, der gern einmal Lkw-Fahrer werden möchte, genauso wie sein Vater. Mario ist kein hoffnungsloser Fall, wie uns seine Lehrer weismachen wollen. Er ist ein wertvoller Mensch, der sich erwachsene Freunde wünscht, die ihn geduldig, liebevoll und wertschätzend begleiten. Mario hat das Pech, in eine Familie hineingeboren worden zu sein, die nicht mit ihm klarkommt und selber große Probleme hat. In einer anderen Familie wäre sein Weg wahrscheinlich vollkommen anders, ja besser, verlaufen. Wir jedenfalls bleiben dran an Mario, geben ihn nicht auf. Wir suchen zur Zeit, gemeinsam mit seinem Betreuer vom Jugendamt, nach Möglichkeiten außerhalb seiner Familie. Der Junge ist es wert, dass man sich für ihn einsetzt.

Schlaue Eltern – schlanke und gesunde Kinder

Kinder, deren Eltern mehr als zehn Jahre zur Schule gegangen sind, sind schlanker als der Durchschnitt ihrer Schul- und Klassenkameraden. Dies ergab eine der größten Studien zur Gesundheitsförderung in Deutschland. Die Studie, deren Ergebnisse wir hier teilweise wiedergeben, wurde von Wissenschaftlern der Universität Ulm durchgeführt. Die Forscher beobachteten mehr als drei Jahre lang 1124 Grundschüler aus Ulm und Umgebung. Die Wissenschaftler kannten diese Kinder am Ende ihrer Untersuchungen sicher besser als deren Eltern. Untersucht wurden Bauchumfang, Hautfaltendicke, Körperfett, Cholesterin, Blutdruck, kognitive Leistungsfähigkeit sowie sportliche Ausdauer. Hinzu kamen sportmedizinische Tests.

Das Ergebnis der Studie ist eindeutig. 17,1 Prozent der untersuchten Kinder waren übergewichtig. Nur 8,1 Prozent der Kinder von Müttern mit Abitur oder einem anderen höheren Abschluss sind übergewichtig. Und je bescheidener die Schulabschlüsse der Mütter, desto höher das Gewicht der Kinder. Besitzt die Mutter die mittlere Reife, haben 10,8 Prozent ihrer Kinder zu viele Kilos auf den Hüften. 16,7 Prozent der Mütter mit einem Schulabschluss bis zur mittleren Reife haben übergewichtige Kinder. Hat eine Mutter Hauptschulabschluss oder nicht, sind 21,7 Prozent der Kinder übergewichtig.

Was sagen uns diese Ergebnisse? Ganz brutal könnte man zusammenfassen: Je dümmer die Eltern, desto fetter ihre Kinder. Der Einfluss der Mütter auf ihre Kinder ist, was deren Gewicht angeht, deutlich größer als der der Väter. Die Wissenschaftler stellten im Rahmen dieser Untersuchung fest, dass die Bildung selbst der entscheidende Faktor für das Gesundheitsverhalten ist. Status oder Einkommen der Familie spielt dabei keine Rolle. Der Studienleiter der Untersuchung, Jürgen Steinacker, betont: «Je höher der Bildungsgrad, desto wichtiger sind körperliche und sportliche Aktivitäten. Fehlt die Bildung, können die Eltern keine Strategien für ihr Kind entwickeln. Und das beginnt bereits damit, das Kind regelmäßig zum Sport zu bringen oder sich gemeinsam zu bewegen.»

Das haben wir auch in den Archen beobachtet. Wenn wir in unseren Einrichtungen Kinder befragen, ob sie mit ihren Eltern denn spazieren gehen, schütteln fast alle Kinder den Kopf. Davon haben sie noch nie gehört. Man verbringt die Tage, vor allem die Wochenenden, gemeinsam vor dem Fernseher. Wir kennen kaum einen Arche-Vater oder eine Arche-Mutter, die aktiv in einem Sportverein ist. Gemeinsam mit Alba Berlin, einem der erfolgreichsten deutschen Basketballvereine, wollen wir eine Turnhalle auf dem Gelände der Arche in Berlin-Hellersdorf renovieren. Geplant sind dort sportliche Aktivitäten für unsere Kinder, aber auch für deren Eltern. Wir möchten die Halle schließlich auch freigeben für weitere Kinder, Jugendliche und Eltern, die sich bisher nicht in einem Sportverein engagieren und auch nicht in die Arche kommen. Wir wollen damit auch zeigen, dass es Spaß machen kann, etwas für seine Gesundheit zu tun.

Doch zurück zu der Studie. Eltern mit einer typischen Aufwärtsmentalität, so Steinacker, seien in der Regel ähnlich gesundheitsbewusst wie jene mit Abitur. Eltern mit einer sehr niedrigen Bildung schaffen es dagegen seltener, ihre Kinder regelmäßig zum Sport zu animieren oder sich gemeinsam zu bewegen. Gut ein Viertel dieser Kinder ist übergewichtig. Das liegt selbstverständlich auch an der falschen Ernährung. Deswegen ist das gemeinsame Essen in den Archen so wichtig. Nicht nur, dass die Kinder mittags in einer der Archen zum ersten Mal am Tag überhaupt etwas essen. Nein, in den Familien, in denen Bildung eine untergeordnete Rolle spielt, gibt es wenig Obst und Gemüse, kaum Mineralwasser, fast immer nur Junkfood und Cola.

Außerdem sitzen bereits 40 Prozent aller Kinder in der ersten Klasse in der Woche im Schnitt über eine Stunde täglich vor dem Fernseher. An schulfreien Tagen wird das noch einmal getoppt. 80 Prozent der Kinder sehen dann zwei Stunden am Tag fern, und der Rest verbringt bereits drei Stunden und mehr vor der Glotze. Ihre Altersgenossen aus dem bildungsbürgerlichen Milieu treiben in dieser Zeit Sport oder unternehmen etwas gemeinsam mit ihren Eltern. Dass die Kinder aus den bildungsfernen Haushalten irgendwann einmal als Verlierer dastehen, kann man sich an einer Hand ausrechnen.

Kinder, die regelmäßig Sport treiben – und dazu reichen schon drei bis vier Stunden in der Woche –, sind wesentlich fitter und gesünder. Das haben uns auch Sportärzte versichert. Deswegen beschäftigen wir in unseren Einrichtungen auch Sportpädagogen. Wenn wir in unseren Häusern mit den Eltern unserer Kinder sprechen, erleben wir immer wieder Überraschungen. Es ist ihnen bewusst, dass Sport für ihren

Nachwuchs gesund wäre. Sie haben aber nicht die Kraft, sich darum zu kümmern, dass ihre Kinder Sport treiben.

Zweimal im Monat gibt es in unseren Kinderhäusern ein sogenanntes Elternfrühstück. Dort gibt es nicht nur gesunde Lebensmittel zum Kennenlernen und Mit-nach-Hause-Nehmen, sondern auch regelmäßig Vorträge für die Eltern, über Gesundheit, gesunde Lebensmittel, Sportmöglichkeiten für sie und ihre Kinder und natürlich Fördermöglichkeiten unterschiedlichster Art für ihre Kinder.

Es gibt also tatsächlich einen Zusammenhang zwischen einem gesunden Körper und einem gesunden Geist. Die körperlich fitten Kinder haben auch die besseren Schulnoten. Das Sprichwort enthält mehr als nur ein Körnchen Wahrheit: Der Apfel fällt nicht weit vom Stamm. Die Qualität der Frucht hängt immer auch mit der Qualität der Pflanze oder des Baumes zusammen. Aber wenn ich die Früchte mit den Kindern vergleiche, kann und muss ich mich um diese Kinder kümmern, wenn die Eltern es nicht tun. Ich muss sie zu Hause abholen und zum Sport bringen. Ich muss sie zu Hause abholen und zum Nachhilfeunterricht bringen. Ihre Eltern werden es nicht von allein tun.

Warum tun wir uns nur so schwer, Kindern zu helfen, die ohne diese Hilfe scheitern würden? Wenn wir diesen Kindern helfen, helfen wir uns auch selbst. Wenn nicht, werden diese Kinder später weder für ihren eigenen Lebensunterhalt noch für ihre eigene Altersversorgung aufkommen können. Der Kabarettist Georg Schramm hat passend dazu ein Wort kreiert: «Pisa-Krüppel». Diese Wortschöpfung will den Leistungsdruck für viele Kinder und die gleichzeitig mangelhaften Investitionen im Bildungssektor anprangern. Pisa-Krüppel werden nicht geboren, sie werden gemacht, von ihren Eltern und der Gesellschaft.

Wir lassen zu, dass Kinder aus ärmeren Familien häufiger im Straßenverkehr verunglücken, öfter an chronischen Krankheiten wie Neurodermitis und Bronchitis leiden. Psychische Auffälligkeiten und Verhaltensstörungen sind keine Ausnahmen mehr. Jedes zehnte Kind unter ihnen zeigt Symptome einer depressiven Störung. Unter den 17-Jährigen finden sich bei fast jedem dritten Mädchen und etwa jedem achten Jungen Symptome von Essstörungen. Ein ungünstiges Familienklima und ein niedriger sozialökonomischer Status sind dabei entscheidende Risikofaktoren. Auch die motorischen Leistungen hängen unter anderem vom Sozialstatus ab. Wenn der Anteil der relativ Armen unter den Kindern ein Gradmesser für Kinderfreundlichkeit ist, dann muss sich Deutschland zu den Entwicklungsländern zählen lassen.

Auch die vor 18 Uhr laufenden Fernsehsendungen machen unsere Kinder zu Verlierern. Die ersten Schritte weg von der Couch und hin zu einem aktiven und gesunden Leben sind schwer, machen aber auch unser System stark. Die Kinder werden es uns danken.

Kinderleid in bildungsfernen Schichten

Kein Geld fürs Kino, für die Mitgliedschaft in einem Sportverein oder die Klassenfahrt, von den Schulkameraden wegen der Billigklamotten gehänselt und ausgegrenzt: «Fast drei Millionen Kinder leben in Deutschland in Armut, und sie leiden darunter. Nun ist der Begriff Armut zuerst einmal eine gesellschaftliche Konstruktion, er ist mit Werten und Normen verbunden und unterliegt im öffentlichen Diskurs einem Aushandlungsprozess, in dem unterschiedliche Gruppen und Interessen Bedeutung gewinnen.» So formuliert es Professor Karl August Chassé von der Universität Jena. Weiter schreibt er: «In hochentwickelten Ländern wie Deutschland wird Armut als relative Armut interpretiert, im Unterschied zu Ländern der Dritten Welt, in denen es absolute, lebensbedrohende Armut gibt.» Dann schreibt er Entscheidendes: «Armut hat bei Kindern andere Auswirkungen als bei Erwachsenen und sie wird von Kindern auch anders empfunden.»

Das erleben wir in den Archen auch so. Wir können und wollen Armut in der Dritten Welt nicht mit der Armut bei uns vergleichen. Wir dürfen das auch nicht. Aber Kinder erleben Armut bei uns als etwas ganz Schreckliches. Uns besuchen in unseren Einrichtungen täglich rund 2500 Kinder. Und jedes Kind leidet auf seine Weise. Es geht nicht bloß darum, dass diese Kinder auf Luxusartikel verzichten müssen, die für ihre Altersgenossen aus wohlhabenderen Familien selbstverständlich sind. Die Auswirkungen von Armut reichen viel weiter.

Die Konsequenzen der knappen Familienkasse erleben betroffene Kinder jeden Tag. Tagtäglich hören sie, dieses und jenes können wir uns nicht leisten, während in finanziell bessergestellten Familien vor den Kindern selten über Geld gesprochen wird. Deswegen ist ein Kind dann arm, wenn es spürt, dass es viel weniger hat als andere Kinder. Diese Kids verlieren sehr schnell den Anschluss an ihre Altersgenossen. Und das hinterlässt Spuren, schlägt sich häufig auch auf die Gesundheit der Kinder nieder, körperlich wie psychisch.

Viele dieser Kinder merken schon sehr früh, dass sie nicht mithalten können, und das macht sie krank. Deswegen müssen wir unsere kleinen Besucher, aber auch Jugendliche, immer wieder aufbauen. Sogar Erwachsene verlieren ihr Selbstbewusstsein, wenn sie im Alltag wiederholt Niederlagen einstecken müssen. Wie mögen sich da erst die Kinder fühlen? Der große Teil der Kinder, die uns besuchen, hat noch nie eine heile Welt erlebt. Ihre Eltern haben sich schon vor langer Zeit aufgegeben, Hartz IV hat sie kaputtgemacht. «Ich kann nichts, ich bin nichts, ich werde nie etwas sein.» Wie häufig mussten wir uns das schon von jungen Müttern und ihren Kindern anhören?

Kinder haben ein feines Gespür für die Probleme ihrer Eltern. Allgegenwärtige Existenzängste und Geldsorgen prägen ihre Kindheit und machen sie zu einer Tortur, zu einer körperlichen Qual. «Wir haben in Deutschland Bürgerinitiativen gegen jeden Scheiß, warum nicht gegen Armut?», hat uns kürzlich in einer Arche ein junger Vater gefragt. Wir konnten ihm keine Antwort geben. Ein durchschnittliches Arche-Kind muss mit weniger als 250 Euro monatlich auskommen.

«Wieso? Das geht doch», wollte uns neulich eine Dame am Telefon glaubhaft machen. Wir sollten ihren Keller ausräumen und schauen, ob wir noch was von dem Gerümpel für die «armen Arche-Kinder» gebrauchen könnten. «Für die ist doch sicher noch was dabei», plapperte sie weiter. Sie wollte gerade mit ihrem Mann, einem ehemaligen hohen Berliner Regierungsbeamten, in ein schönes Altersheim ziehen. Den Satz «Wir haben wenigstens das ganze Leben gearbeitet» konnte sie sich am Ende nicht verkneifen. Wir haben ihren Keller nicht entrümpelt, denn wir schenken unseren Kindern keinen Wohlstandsmüll, der dem Bildungsbürgertum von den Tischen fällt.

Doch kommen wir noch einmal auf die 250 Euro zurück, von denen Hartz-IV-Kinder in Deutschland monatlich leben müssen: Mit diesem Geld kann man überleben, aber man kann sich von diesem Betrag weder gesund ernähren, noch kann man sein Kind an Bildungs- und Kulturveranstaltungen teilhaben lassen. Und das sind Nachteile, die ein ganzes Leben lang mitgeschleppt werden. Hier ist der Teufelskreis leicht auszumachen. Aus armen Kindern werden arme Eltern, die dann wiederum arme Kinder bekommen. Der Anteil der in Deutschland in Armut aufwachsenden Kinder hat sich in den letzten zehn Jahren fast verdoppelt. Aber Zahlen verschleiern, dass hinter jeder einzelnen Zahl ein einzelnes Schicksal steht. Viele der Mütter, die zu uns kommen, wissen, dass sie ihr Leben lang von Transferleistungen leben müssen. Sie wohnen in kleinen, engen Wohnungen, haben zwei, drei oder vier Kinder, oft von mehreren Männern, und wissen, dass sie sich nie aus eigener Kraft aus dieser Transferfalle befreien können. Ab dem 20. des jeweiligen Monats ist kein Geld mehr da, denn diese jungen Mütter haben nie gelernt zu haushalten. Dann gibt es eben Nudeln mit Tomatensoße, zehn Tage lang. Manchmal wird der Strom abgestellt, auch mitten im Winter. Kaum jemand unserer Eltern und Kinder war je im Ausland. Und in der Schule hören sie die spannenden Urlaubsgeschichten anderer Kinder. Ihre Eltern haben sich nach vielen Jahren Hartz IV aber längst aufgegeben. Und dieses Sichaufgeben lernen die Kinder von Anfang an. In den Schulen werden sie gemobbt, manchmal sogar von Lehrern.

Eine Befragung von Grundschullehrern für eine Masterarbeit der Lehramtsabsolventin Julia Kube mit der Pädagogikprofessorin Astrid Kaiser hat gezeigt, dass die Hartz-IV-Population sogar eigene Namen für ihre Kinder hat. Kevin und Chantal, Mandy, Justin oder Angelina gehören dazu. Kinder mit diesen Namen werden an den deutschen Schulen von Lehrern benachteiligt, nur weil sie so heißen. Die Zeitungen waren voll von diesen Geschichten, aber eine ganze Gesellschaft nimmt das hin, ohne dagegen aufzumucken.

Es gibt Mediziner, die behandeln Transferleistungskinder nicht, weil ihre Eltern ihre eigenen Praxisgebühren häufig nicht bezahlen. Ein Beispiel: Ein Mädchen weinte in der Arche über mehrere Stunden lang und wollte nicht sagen, was los war. Später schwoll die Backe der Kleinen an, und wir wollten mit dem Kind zum Zahnarzt fahren. Der weigerte sich allerdings, das Kind zu behandeln. Die Mutter hatte bei zwei Zahnärzten in ihrer Nachbarschaft Schulden angehäuft.

Kindern aus Hartz-IV-Familien stehen sogenannte Bildungsgutscheine zu. Das sind zehn Euro im Monat, die für Klassenfahrten, Sportunterricht, Musikunterricht und Schulessen genutzt werden können. Aber ihre Eltern beantragen dieses Geld nicht, weil sie überhaupt nicht wissen, dass es diese Sachleistungen gibt oder weil es einen zu großen bürokratischen Aufwand für sie bedeutet, die Anträge auszufüllen. Aber was können die Kinder dafür? Sie tragen daran keine Schuld.

Oft haben diese Kinder hervorragende intellektuelle Ressourcen, die aber nicht genutzt werden, weil die Eltern sie nicht erkennen und weil man an den Schulen weder die Zeit noch das Personal hat, diese Fähigkeiten zu fördern. Häufig werden diese Kinder aus bildungsfernen Haushalten dann auf Förderschulen abgeschoben. Statt die Schüler in Regelschulen integriert zu unterrichten, werden immer noch die Hälfte aller Kinder mit Förderbedarf in «Förderzentren» unterrichtet, weil Regelschulen das nicht können oder wollen. Unter diesen abgeschobenen Kindern sind überproportional viele Kinder aus sozial schwachen und Migrantenfamilien. Es kann doch nicht stimmen, dass die «doofen» Kinder in den armen Familien geboren werden und die intelligenten Kinder bei den Reichen oder im Bildungsbürgertum aufwachsen. Wir müssen endlich etwas gegen diese Missstände tun. Interne Befragungen in den Archen haben ergeben, dass die Kinder sich abgeschoben fühlen. In diesen Zahlen zeigt sich die kinderfeindliche Fratze des deutschen Bildungssystems.

Denn Kinderfreundlichkeit zeigt sich darin, inwieweit die öffentliche, aber auch die private Infrastruktur den Bedürfnissen von Kindern entspricht. Es ist erforderlich, dass Kinder ihrem Alter und ihren Fähigkeiten entsprechend gefördert werden und dass sich der Schulalltag nach Möglichkeit ohne Angst, Mobbing oder Gewalt bewältigen lässt. Wir müssen endlich als Land das Bekenntnis ablegen, für weniger Selektion an Schulen sorgen zu wollen. Wenn Kinder mit Migrationshintergrund in Deutschland, sie sind ja eine deutliche Minderheit, 30 Prozent aller Schulabbrecher stellen, machen die Schulen etwas falsch.

Am 11. September 2003 beantragten mehrere Abgeordnete von verschiedenen Fraktionen im Deutschen Bundestag einen mutigen Gesetzesentwurf. Sie forderten ein Wahlrecht für Kinder von Geburt an. Das kann man heute in der Bundestagsdrucksache 15/1544 nachlesen. Dieses Wahlrecht sollte bis zur Volljährigkeit von den Eltern ausgeübt werden. Zu den Antragstellern gehörten auch prominente Politiker wie Wolfgang Thierse (SPD), Hermann Otto Solms (FDP) und Antje Vollmer (Grüne).

Der Antrag wurde abgelehnt, da war man sich schnell einig. Aber warum sollten Kinder nicht mitentscheiden dürfen? Wer das Wahlrecht hat, darf mitbestimmen: über Politiker und über Parteien, die Deutschland regieren. Politiker kümmern sich in erster Linie um die Probleme jener Menschen, von denen sie gewählt werden wollen, und Kinder dürfen nicht wählen. Dürfte eine Mutter mit drei Kindern bei einer Wahl vier Stimmen abgeben, hätte ihre Wahl viel mehr Gewicht, und die Politik würde sie hofieren. Stellen wir uns doch einmal die provozierende Frage, warum der Großteil der Strafgefangenen wählen darf, aber ein Jugendlicher mit 17 Jahren noch nicht.

In der Praxis schlagen die Verfechter des Kinderwahlrechts vor, dass sich jeder Mensch vor seiner ersten Wahlteilnahme persönlich ins Wählerverzeichnis eintragen muss, wobei keine Rolle spielen soll, wie alt dieser Mensch ist. Das klingt wie ein Märchen und wird wohl auch nicht realisiert werden. Aber eine Alternative wäre das Familienwahlrecht. In diesem Fall würde Vater oder Mutter der Kinder für jedes unmündige Kind einen zusätzlichen Stimmzettel erhalten. Das ist genau das, was Wolfgang Thierse und Co. vor Jahren einführen wollten. Dafür gibt es auch heute noch gute Argumente. Eltern wünschen sich für ihre Kinder langfristig gute Perspektiven. Der Gedanke der Nachhaltigkeit und der Entwicklung von Zukunftschancen würde so in der gesellschaftlichen Betrachtung mehr beachtet.

Ein bekannter Politiker belächelte bei einem Besuch einer Arche unsere Forderungen nach einem Wahlrecht für Kinder. Kinder hätten ja keine Ahnung von Politik, argumentierte er. Auf unsere Antwort, viele der Erwachsenen auch nicht, verschwand sein professionelles Grinsen. Darauf wusste auch er nichts mehr zu sagen.

Schulpolitik und Familienpolitik würden in Deutschland aus einem ganz anderen Blickwinkel betrachtet werden müssen, wenn Kinder politisch mitbestimmen dürften, wenn auch bis zu ihrer Volljährigkeit nur durch ihre Eltern. Vom Wahlrecht ohne Altersgrenze, oder besser vom Familienwahlrecht, wären insgesamt viele positive Auswirkungen zu erwarten. Das Selbstbewusstsein vieler Jugendlicher und ihrer Familien würde steigen. Eine sozial schwache Familie mit mehreren Kindern würde deutlich aufgewertet werden. Plötzlich hätten die Ansichten von Kindern und ihren Familien einen viel höheren Stellenwert. Kinderrechtlich relevante Forderungen würden sich in Parteiprogrammen wiederfinden.

Worunter leiden Kinder aus vernachlässigten Familien noch? Immer wieder stellen wir fest, dass einige unserer Kinder Floh- oder Kopflausbefall haben. Wir müssen diese Kinder laut Gesetz sofort nach Hause schicken. Behandeln dürfen wir sie in unseren Häusern nicht. Das ist Sache der Erziehungsberechtigten. Das Beseitigen dieser lästigen Tiere ist nicht leicht und sehr mühselig. Zu Hause bei ihren Familien setzen sich die

Nissen in Kleidung, Teppichen und Bettwäsche fest, und die werden nicht regelmäßig gereinigt. Die Eltern werden mit so einem Problem nicht mehr fertig. Ganz wichtig wäre auch in solchen Situationen eine Unterstützung der Kinder durch Familienhelfer, die in den Familien arbeiten. Natürlich gibt es die, aber ein Familienhelfer schafft nicht mehr, als in zwei oder drei Familien zu arbeiten. Oft betreut ein Mitarbeiter eines Jugendamts heute aber bis zu einhundert Kinder. Das sind viel zu viele.

Richtig schlecht ist die Situation sozial schwächerer Familien im ländlichen Raum. Sie leiden unter der fehlenden Infrastruktur. Wer hier lebt, muss mobil sein. Wer kein eigenes Fahrzeug besitzt, ist auf öffentliche Verkehrsmittel angewiesen. Das macht etwa Einkäufe, Schul- und Arztbesuche sowie soziale Kontakte sehr beschwerlich. Wenn es in dem Dorf einen Tante-Emma-Laden geben sollte, sind die Lebensmittel dort für einen Empfänger von Transferleistungen unerschwinglich. Und in der Stadt sind die Wohnungen erheblich teurer. Wie man das Rad auch dreht, die Benachteiligten unserer Gesellschaft sind immer und überall die Verlierer. Die betroffenen Eltern und auch deren Kinder ziehen sich immer mehr zurück, die Familien werden dadurch unsichtbar. Die Eltern besuchen keine Schulberatung mehr, die Kinder hocken nur noch daheim, haben keine Freunde und Spielkameraden, weil sie nicht an Sportveranstaltungen und Klassenfahrten teilnehmen können, und bekommen keinen Besuch. Sie fühlen sich ausgegrenzt.

Als wäre das nicht genug, wird in sozial schwächeren Familien mehr gestritten als in wohlhabenderen, und fast immer geht es um Geld. Der Volksmund sagt, Geld macht nicht glücklich. Das ist eindeutig falsch. Geld allein macht nicht glücklich, aber permanente, dauerhafte Geldsorgen machen immer unglücklich. Wenn Eltern ihren Kindern kaum einen Wunsch erfüllen können, werden auch sie krank, und darunter leiden wiederum ihre Kinder.

Kinder aus benachteiligten Familien sind also einem enormen Stress ausgesetzt und anderen Kindern gegenüber deutlich benachteiligt. Solange wir das als Gesellschaft nicht ändern, sind wir keine gerechte Gesellschaft. Wann begreifen wir endlich, dass es einem Kind dann gutgeht, wenn es in keiner Lebenslage auffällig ist?

Michelle – Mit leerem Magen kann man nicht lernen

Nachdem der Sommer buchstäblich ins Wasser fiel und auch unser Arche-Sommerferiencamp eher einer Wasserschlacht glich, fühlen wir uns heute, an diesem warmen Septembermorgen, pudelwohl. Alle Mitarbeiter der Mutter-Arche in Berlin-Hellersdorf haben ein Lächeln im Gesicht – das Wetter macht gute Laune. Während die Kids noch in der Schule sind, beginnt unsere große pädagogische Besprechung, die einmal wöchentlich stattfindet. Hier reden wir vor allem über die Kinder, die uns in den letzten Tagen besonders aufgefallen sind. Einige von ihnen haben Kontakt mit dem Jugendamt, und der eine oder andere bekommt regelmäßig Besuch von einem Familienbetreuer. In vielen Fällen funktioniert das Jugendhilfesystem in Berlin und anderswo, aber wir stellen auch fest, dass Fachleute häufig an ihre Grenzen stoßen.

An diesem Morgen gibt es viel Gesprächsbedarf, da uns fast täglich Kinder aus einer Familie besuchen, die uns große Sorgen bereitet. Wir haben bereits mehrfach das Jugendamt kontaktiert, allerdings immer wieder die Nachricht bekommen, dass die zuständige Mitarbeiterin gerade krank sei und der «Fall» warten müsse. Allerdings merken wir, dass das Wohl der Kinder gefährdet ist und durch das lange Warten auf einen Jugendamtsmitarbeiter keine Lösung in Sicht ist.

Eines der Mädchen ist am Vortag aus ihrer Familie geflohen, um uns ihr Leid zu klagen. Schon seit Wochen hat sie Stubenarrest und darf ihr Zimmer nur verlassen, um in die Schule zu gehen. Bereits seit einigen Jahren muss die Familie ständig beim Jugendamt vorstellig werden. Das macht sie auch fleißig, aber das Kind erzählt uns immer wieder, dass ihre Eltern nur versuchen, den Schein zu wahren. «Es gibt Tage», erzählt sie uns, «da müssen wir um drei Uhr morgens aufstehen und die Wohnung aufräumen, weil das Jugendamt sich zur Kontrolle angemeldet hat.» Keiner der Behördenmitarbeiter kann dann sehen, was tatsächlich los ist, denn die Wohnung ist sauber und macht einen ordentlichen Eindruck.

In den letzten Tagen haben sich jedoch die Probleme in der Familie zugespitzt. Wir spüren das sehr deutlich, denn auch die anderen Geschwister erzählen uns von drastischen Situationen. Die Wohnung der Familie ist voller Müll, es gibt wenig zu essen, und die Eltern schreien ihre Kinder nur noch an. Wir rufen an, doch keiner geht ans Telefon. Wir fahren zur Familie und klingeln – keiner öffnet uns. Wir rufen das Jugendamt an, stoßen jedoch auf taube Ohren. Im Moment habe kein Mitarbeiter Zeit, heißt es aus der Behörde.

Was sollen und müssen wir tun? Das ist das Gesprächsthema an diesem Morgen, über das wir uns die Köpfe zerbrechen. Wir überlegen sogar, die Polizei einzuschalten, entscheiden uns aber noch einmal für einen Hausbesuch und versuchen parallel, das Jugendamt zum x-ten Mal zu informieren. Eine Mitarbeiterin dort verspricht uns, sich der Sache anzunehmen.

Mittlerweile ist es Mittagszeit. Die ersten Kinder kommen aus der Schule und freuen sich schon darauf, nach dem Essen auf unserem Hof mit den Gokarts zu fahren, zu schaukeln oder einfach draußen zu spielen. Es gibt Spaghetti bolognese zu Mittag, was die Kinder besonders freut.

Nachdem sich der Speiseraum gefüllt hat, gehe auch ich die eine Etage nach unten, um mit den Kids zu essen und zu quatschen, denn das genießen sie sehr. Erzählen, was in der Schule passiert ist, Freud und Leid teilen und einfach zu kommunizieren, das lieben unsere Kinder im Speisesaal. Bei den meisten von ihnen gibt es zu Hause keinen gemeinsamen Mittagstisch mit der ganzen Familie, denn dieser wichtige Ort der Kommunikation hat seinen Platz mit dem Fernseher getauscht, und den Kindern geht etwas verloren, was sie so dringend bräuchten. Viele der Kinder, die jeden Tag in unsere Archen kommen, setzen sich nicht nur für ein paar Minuten hin und schlingen ihr Essen hinunter, sondern bleiben eine halbe Stunde, um einfach mal ausgiebig zu reden und uns zuzuhören.

«Bernd, hast du schon gehört, dass Michelle mit dem Krankenwagen abgeholt wurde?», fragt mich einer unserer jungen Besucher. «Sie ist in der Pause ohnmächtig geworden, und keiner weiß, warum. Unser Lehrer hat gleich den Notarzt gerufen. Schon im Unterricht war sie nicht bei der Sache, aber wir wissen nicht, was sie hat.» Die Kinder sind sehr aufgeregt. In der Regel erfahren unsere Mitarbeiter als Erstes, was am Vormittag passiert ist, denn wir sind fast immer der erste Ansprechpartner nach der Schule. Vor einigen Jahren wurde meine Tochter von einer Lehrerin geohrfeigt, und da damals aus ihrer Schule fast 100 Kinder in unsere Einrichtung kamen, wusste ich schon Bescheid, bevor meine Tochter aus der Schule kam. So war ich dann auch beim Direktor, ohne meine Tochter überhaupt zu Hause gesehen zu haben.

Wir sind natürlich sehr besorgt über Michelle und versuchen, die Mutter auf dem Handy zu erreichen, aber vergeblich. Michelles Mutter ist alleinerziehend, ständig hat sie neue Freunde, aber nie etwas Festes. Sie ist nicht besonders konfliktfähig und mit ihren 25 Jahren eigentlich selbst noch ein Kind. Als ihre Tochter geboren wurde, war sie erst 17 Jahre alt. Sie zog zu Hause aus und versuchte, in kurzer Zeit all das nachzuholen, was sie in ihrer Kindheit verpasst hatte. Ihre Tochter behandelt sie eher wie einen Kumpel als wie ein Kind. Manchmal lässt sie Michelle auch abends allein zu Hause, um feiern zu gehen, wie uns Michelle erzählt hat. Auch ihre Mutter wird regelmäßig von unseren Mitarbeitern in ihrer Wohnung besucht, und obwohl sie einmal einsichtig und vernünftig war, holt sie der Alltag doch immer wieder ein. An diesem Tag gelingt es uns nicht, etwas von Michelle zu hören.

Am nächsten Tag ist scheinbar wieder alles ganz normal. Michelle ist am Vormittag in der Schule und mittags in der Arche. Sie sieht aus wie immer, und man kann nicht ahnen, dass sie gestern noch im Krankenhaus war. «Hey, Michelle, wie geht's?», hört sie ständig und antwortet kurz und knapp: «Gut!» Wir wollen wissen, warum Michelle denn nun im Krankenhaus war und warum sie ohnmächtig wurde. Wir fragen sie sehr vorsichtig, mehr aus Angst denn aus reiner Neugier. Wie selbstverständlich erklärt uns die 8-Jährige, sie habe gestern wieder einmal nicht gefrühstückt und auch kein Pausenbrot dabeigehabt. Ihr Körper habe darauf mit einer Ohnmacht reagiert.

«Das ist mir auch schon im Urlaub passiert», sagt sie mit etwas Stolz in ihrer dünnen Stimme. Endlich steht sie einmal im Mittelpunkt. Auch ihre Unkonzentriertheit im Unterricht liegt sicher am fehlenden Frühstück. Ihre Mutter steht morgens nur kurz auf, um Michelle zu wecken. Dann kriecht sie wieder zurück ins Bett. «Viele Kinder wollen morgens kein Frühstück», sagt uns Michelle, als wir sie darauf ansprechen. «Meine Freundinnen essen morgens auch nichts. Mama braucht nicht extra für mich aufzustehen.»

In den letzten fast 20 Jahren haben wir unzählige Kinder kennengelernt, die morgens ohne Frühstück und ohne Pausenbrot in die Schule gehen. Viele von ihnen können sich dann nur schlecht konzentrieren, wirken aggressiv und teilnahmslos. Mittlerweile gibt es Studien, die belegen, dass jedes vierte Kind in Deutschland ohne Frühstück in die Schule geht.

In der Vergangenheit baten uns einige Schuldirektoren, etwas gegen dieses Problem zu unternehmen. Sie fragten ganz konkret, ob wir ein kostenloses Frühstück an ihrer Schule verteilen könnten, damit die Kinder im Unterricht aufnahmefähiger seien.

Mit leerem Magen lässt sich nicht lernen, das haben wir nicht nur bei Michelle gemerkt, und so haben wir uns auch nie lange bitten lassen. Auch an Michelles Schule konnten wir eine kostenlose Essensversorgung einrichten, weil es Menschen gibt, die dieses Problem erkannt haben und uns finanziell unterstützen.

Es ist noch gar nicht so lange her, da bat uns die Direktorin einer Schule, an der wir Essen verteilen, zu einem Gespräch. Zuerst dachten wir, dass es Probleme gäbe, denn nicht immer gehen Kinder sorgsam mit Essensresten oder Milchpackungen um. Da gibt's dann schon mal Ärger. Nicht jeder Lehrer an den Schulen sieht zunächst die Situation der Kinder, sondern eher die Arbeit, die die Essensversorgung der Schule und damit den Lehrern macht. Aber wir waren das schon gewohnt und gingen motiviert zu dieser sehr netten Direktorin. «Herr Siggelkow», begann sie das Gespräch, «ich möchte Ihnen danken für das, was Ihre Mitarbeiter leisten, und ich möchte Ihnen drei Dinge sagen, die passiert sind, seit die Arche an unserer Schule Essen verteilt:

- Unsere Schüler können sich im Unterricht besser konzentrieren.
- Einige Kinder haben zum ersten Mal positive Schulergebnisse.
- Auffällige Schüler sind nicht mehr so auffällig, weil am Esstisch ein Erwachsener mit ihnen kommuniziert.»

Auch in den Schulen wollen wir mit den Kindern an einem Tisch sitzen, um zu hören, was die Kinder am Vormittag erlebt haben. Für uns ist es auch hier wichtig, dass wir die Kinder nicht beaufsichtigen, sondern dass sie uns als Vertraute und sich selbst als uns ebenbürtig sehen. Das stärkt ihr Selbstwertgefühl, und ihr Mitteilungsbedürfnis wird befriedigt.

So hat das Essen eine doppelte Funktion, die anscheinend an dieser Schule Erfolg zeigt. Bildung hat sehr viel mit Ernährung zu tun, und dies kommt endlich auch bei Michelle an. Sie kann sich jetzt ganz auf das Lernen konzentrieren und nicht auf den Hunger. Michelle hat jetzt auch Nachhilfeunterricht bei uns in der Arche. Wir freuen uns auf eine gemeinsame Zukunft.

Die Folgen unzureichender Bildung

Wie die PISA-Studien belegen, verfügt in Deutschland etwa jeder vierte bis fünfte Jugendliche nicht einmal über Grundfähigkeiten in Lesen und Schreiben, geschweige denn in Mathematik oder in den Naturwissenschaften. In einer Studie von 2007, «Was unzureichende Bildung kostet» von Marc Piopiunik und Ludger Wößmann, haben die beiden Wissenschaftler erstmals die volkswirtschaftlichen Folgekosten berechnet. Sie belaufen sich über den Lebenszeitraum eines heute geborenen Kindes für die Volkswirtschaft insgesamt auf rund 2,8 Billionen Euro. Das ist in etwa so hoch wie das derzeitige deutsche Bruttoinlandsprodukt.

Das gewaltige Ausmaß dieser Zahl macht deutlich, wie dringend wir an dieser Großbaustelle arbeiten müssen. Die Kosten von Nichtstun und wirkungslosem Aktionismus sind gigantisch hoch, wenn die langfristigen Wachstumseffekte von Bildungsinvestitionen berücksichtigt werden. Deshalb benötigt auch die Bildungspolitik eine langfristige Perspektive, ähnlich wie das inzwischen auch in der Klima- und Umweltpolitik gehandhabt wird. Deutschland verschenkt durch diese Zahl an unzureichend gebildeten Schülern ein enormes Potenzial.

Der Bildungsföderalismus in seiner derzeitigen Form ist für

die Bekämpfung der Bildungsmisere ein echter Hemmschuh. Konstruktive Partnerschaften zwischen Bund, Ländern und Kommunen werden verhindert. Wenn die Länder schon aus machtpolitischen Gründen den Föderalismus nicht abschaffen wollen, sollte der Bund die Länder vor allem dann, wenn die Länder ihren Bildungsauftrag finanziell nicht stemmen können, unterstützen dürfen.

Pädagogen wissen auch, warum der Unterricht, wie er derzeit an deutschen Schulen durchgeführt wird, zwangsläufig zu großen Problemen führen muss. Alle gleichaltrigen Kinder sollen beim gleichen Lehrer mit den gleichen Schulmaterialien im gleichen Tempo das gleiche Ziel zur gleichen Zeit gleich gut erreichen. Und wer nicht mitkommt, wird nicht etwa individuell gefördert und damit gestärkt, nein, er erfährt die ersten Sanktionen seiner noch jungen Laufbahn. Und die können sehr brutal sein.

Kommt der Schüler nicht mit, zum Beispiel, weil er mit seiner Lehrerin nicht auskommt, muss er ein Jahr wiederholen. Ist ein Schüler zu gut, darf er so lange warten, bis der Rest der Klasse alles begriffen hat. In beiden Fällen ist das eine schwere Strafe für die Kinder, fast so etwas wie eine Geiselnahme. Sie müssen dort bleiben, wo sie sich freiwillig niemals aufhalten würden.

Warum dürfen die Kinder nicht das lernen, was sie lernen wollen? Warum kommt nicht erst die Kür und dann die Pflicht? Wenn man die Kür mit Bravour bestanden hat, macht auch das Pflichtprogramm mehr Spaß.

Um Kinder aus bildungsfernen Familien besser fördern zu können, müssen wir uns endlich trauen, unkonventionelle Wege einzuschlagen. Wir haben vor sieben Jahren im Osten von Berlin eine Arche-Grundschule gegründet. Dort beschäftigen wir erheblich mehr Lehrer, als wir Klassen haben. Für jede Klasse gibt es zusätzlich Sozialpädagogen oder Erzieher, die den Kindern bei Bedarf individuell helfen können. Dafür braucht man natürlich Geld. Wir sprechen in diesen Fällen mit der Wirtschaft, die fast immer auch bereit ist zu helfen. So können wir uns mehr Personal leisten. Wir können in der Regel innerhalb von 24 Stunden auf eine bestimmte Situation reagieren.

Es liegt doch auf der Hand, dass die Wirtschaft an gut ausgebildeten Kindern interessiert ist. Natürlich braucht sie auch gut ausgebildeten Nachwuchs, aber sie benötigt in erster Linie zahlungskräftige Kunden, die ihre Produkte kaufen können. Im Moment gibt es für den Großteil aller Schüler in den staatlichen Schulen nur einen schulischen Weg, den er gehen muss, ob er will oder nicht. Die Alternative wäre ein frühes Scheitern. Aber viele Wege führen zu einem Ziel.

Bildung und Gesundheit sind einander, oberflächlich betrachtet, sehr ähnlich. Beide Systeme kosten Milliarden, sind ständig in der Krise, und dauernd ist von Reformen die Rede, die nie begonnen werden. Der Hirnforscher Manfred Spitzer sagt dazu etwas sehr Bemerkenswertes: «Wie ein Kind lernt, ist keine Frage der Politik, ob Schwarz-Gelb oder Rot-Grün, sondern eine Frage, die sich wissenschaftlich beantworten lässt. Die Grundlagen dazu liefert die Gehirnforschung, die Anwendung muss jedoch im Einzelnen erprobt werden.»

Es ist also aus der Medizin bekannt, dass jedes Kind auf das Schulsystem unterschiedlich reagiert. Es muss sich aber bei uns der Schule anpassen. Viele Fachleute sind auch der Meinung, dass Schüler viel Überflüssiges lernen müssen. Unsere Lehrpläne überfordern unsere Kinder, genauso wie viele

Lehrer ihre Schüler überfordern. Es geht doch nicht an, dass Kinder immer wieder Dinge lernen müssen, die kein Mensch braucht. Viele Kinder, vor allem jene, denen das Auswendiglernen leichtfällt, pauken Zusammenhänge wie Vokabeln, die sie nach der Klassenarbeit sofort wieder vergessen. Lernt man also für eine Klassenarbeit und damit für eine Note oder lernt man für sein künftiges Leben? Die Lehrer in Deutschland müssten doch ohne Pause um Hilfe schreien.

Dabei sind sich alle einig: Bildung ist enorm wichtig. Der Bildungsweg bestimmt das soziale Umfeld, aber das soziale Umfeld bestimmt auch den Bildungsweg. Mit Bildung und dem Ausbau des Bildungssystems war in der Vergangenheit häufig die Hoffnung verbunden, soziale Ungleichheiten abzubauen. Dass es sich bei der ersehnten Chancengleichheit um eine Illusion handelt, haben schon die beiden französischen Soziologen Pierre Bourdieu und Jean-Claude Passeron vor über 50 Jahren aufgezeigt.

Diverse Schulleistungsstudien haben belegt, dass Kinder ungebildeter Eltern selbst dann häufig eine geringere Schulformempfehlung bekommen als Kinder von Eltern mit höherer Bildung, wenn die Lese- und Mathematikkompetenz gleich ist. Unser Bildungssystem legitimiert soziale Ungerechtigkeit und das hat dramatische Folgen. Wenn Bildung wichtig ist für den Fortschritt eines Landes, wo stehen wir dann in 10 Jahren? Müssen wir uns dann mit Ländern wie Somalia und Äthiopien messen?

Fakt ist, das erleben wir in den Archen, wir lassen zu viele Bildungsverlierer zurück. Besonders betroffen sind die Kinder von Alleinerziehenden, Kinder aus Mehrkinderfamilien und Kinder aus Familien mit Migrationshintergrund. In den Arche-Haushalten in Deutschland ist die typische Familienform die alleinerziehende Mutter mit mehreren Kindern von mehreren Männern, die schon längst wieder bei anderen Frauen sind und keinen Cent Geld für ihre Kinder bezahlen. In Hamburg, Frankfurt, Düsseldorf, Köln und München besuchen uns überwiegend Kinder aus Familien mit Migrationshintergrund.

Kaum eine dieser Arche-Mütter, geschweige denn ein Vater – wenn der seinen Kindern überhaupt bekannt ist –, kann sich hier um eine solide Ausbildung ihrer Kinder kümmern. Sie muss sich auf die Lehrer verlassen. Und wenn die sich nicht kümmern, steht die Laufbahn der Kinder fest. Sie treten in die Fußstapfen ihrer Eltern, und die haben mit Bildung fast nie was zu tun. Das bedeutet fehlende Perspektiven für diese Kinder, fast immer hängt das mit einem sehr hohen Arbeitslosigkeitsrisiko zusammen und einem geringeren Lebenseinkommen. Viele dieser Kinder sind ausgeschlossen vom sozialen und ökonomischen Leben.

Wir kennen Kinder und Jugendliche aus Berlin-Hellersdorf, die noch nie am Brandenburger Tor waren, geschweige denn in anderen Städten oder gar im Ausland. Viele dieser Kinder werden nie ein Theater oder Kino besuchen. Kaum eines dieser Kinder ist Mitglied in einem Sportverein. Die Kinder kommen praktisch niemals mit dem Bildungsbürgertum in Berührung. Keines dieser Kinder sieht jemals ein Hotel oder ein Restaurant von innen. Es ist schon sehr seltsam, diesen weltfremden Familien zu begegnen. Die Kinder spielen fast nur mit anderen Kindern aus Hartz-IV-Familien.

Wie die Bertelsmann Stiftung ermittelt hat, sind die gesellschaftlichen und ökonomischen Folgekosten unzureichender Bildung für unser politisches System enorm. Unzureichende Bildung führt zu geringeren Steuereinnahmen und höheren Transferleistungen.

Eine weitere Folge unzureichender Bildung ist ein steiler Anstieg der Kriminalität. Könnte die Zahl der Schulabgänger ohne Hauptschulabschluss halbiert werden, gäbe es in Deutschland jährlich 20 Prozent weniger Morde. Zu diesem schockierenden Ergebnis kam die Bertelsmann-Studie, für die 1800 Gefängnisinsassen befragt wurden. Erstmals wurde in Deutschland nachgewiesen, dass Kriminalität und schlechte Bildung zusammenhängen. Doch nicht jeder Hauptschüler oder Schulabbrecher wird durch schlechte Rahmenbedingungen auch automatisch zum Gewaltverbrecher. Die Studie verdeutlicht, dass neben schlechter Bildung das familiäre Umfeld einen starken Einfluss ausübt. So steigt das Risiko, kriminell zu werden, beträchtlich, wenn im Elternhaus Vorstrafen bestehen. Interessant: Wer verheiratet ist, ist weniger oft kriminell, und Kriminelle sind häufiger konfessionslos als die unbescholtenen Bürger.

Wie sieht das in konkreten Zahlen aus? Gäbe es 50 Prozent weniger Schulabgänger ohne Hauptschulabschluss, hätte es 2009 rund 420 Morde und Totschlagsfälle weniger gegeben. 420 Menschen würden also noch leben, wenn wir uns als Gesellschaft mehr um diese Kinder gekümmert hätten. Aber auch bei anderen Delikten sprechen die Zahlen eine deutliche Sprache. Bei gleichen verbesserten Voraussetzungen gäbe es 13 500 Raubüberfälle weniger, und sogar 320 000 Diebstähle hätte es nicht gegeben. Der Gesellschaft blieben auch hohe Folgekosten erspart. Nach Berechnung der Stiftung machen diese, vom Gefängnisaufenthalt bis hin zu Versicherungsleistungen, mindestens 1,4 Milliarden Euro aus. Natürlich haben nicht alle Delikte etwas mit einer niedrigen Schulbildung zu tun. Wirtschaftsdelikte werden in der Regel von besser Ausgebildeten begangen. Aber es steht fest: Ohne Ausbildungsplatz und Job ist die Gefahr sehr groß, im kriminellen Sumpf umzukommen.

Jedes Jahr beginnen 150 000 Jugendliche ihr Erwerbsleben ohne Ausbildungsplatz. So entstehen, vom hohen Kriminalitätsrisiko mal ganz abgesehen, pro Altersjahrgang Folgekosten von mehr als 1,5 Milliarden Euro. Dazu gehören das Arbeitslosengeld, Sozialleistungen und die Beiträge zur Arbeitslosenversicherung. Aber Bildung bedeutet auch Wirtschaftswachstum. Innerhalb einer einzigen Generation kostet uns schlechte Bildung 2,8 Milliarden Euro. Das sind Zahlen, die kann man sich nicht wirklich vorstellen. Fehlende Bildung ist nicht nur ein Problem der Ungebildeten. Sie gefährdet unsere Gesellschaft als Ganzes.

Für den Bund ist das ein Riesenproblem. Durch das föderale System ist die Bundespolitik zum Zuschauen verdammt. Aber der Bund trägt den größten Teil der Folgekosten in den öffentlichen Haushalten. Muss also die Bildungskompetenz in die Bundesverantwortung? Vielleicht wäre es besser so, denn die Länder sind ja bis heute mit ihrer Bildungspolitik gescheitert.

Die Energie- und die Klimapolitik haben in Deutschland gezeigt, dass man in einer Krise auch umdenken darf und kann. Das deutsche Bildungssystem hätte ein Umdenken sogar besonders dringend nötig, denn es produziert zu viele Verlierer. Unter anderem jene 20 bis 25 Prozent der Kinder, die kaum noch lesen und schreiben lernen. 58 000 Schülerinnen und Schüler haben 2009 die Schule ohne Hauptschulabschluss verlassen. Kinder mit Migrationshintergrund gehen selbst bei gleichem sozioökonomischem Status doppelt so häufig auf Hauptschulen wie ihre deutschen Mitschüler. Jeder siebte junge Erwachsene bekommt keinen Ausbildungsplatz und ist damit von Arbeitslosigkeit bedroht. Gibt es denn nur Verlierer in unserem Land? Immerhin war Deutschland mal das Land der Dichter und Denker.

Auch der Bund gehört zu den Verlierern, muss er doch die Zeche bezahlen, die ihm die Länder einbrocken. Irgendwann soll die Richtlinienkompetenz der Länder, also die Entscheidungskompetenz, dem Bund überlassen werden, irgendwann einmal. Und die Kommunen müssen mit der hohen Kriminalitätsrate klarkommen, die ihnen die Bildungsmisere beschert hat. Was müssen wir also tun, um die negativen Folgen der Bildungsmisere zu beseitigen?

Das Bildungswesen muss sich der zunehmenden Heterogenität der Bevölkerung stellen, es muss auf die unterschiedlichen Voraussetzungen der Lernenden eingehen und entsprechend reagieren. Die typische Familie besteht nicht mehr unbedingt aus Vater, Mutter und Kind. Wir müssen etwas für die Alleinerziehenden tun, deren Kinder dürfen wir nicht vergessen. Die Familien, in denen die Kinder mit schwierigen Voraussetzungen leben, brauchen Grundsicherung und Betreuung. Nur dann haben diese Kinder auch eine Chance. Wir müssen neue Lebensräume für Familien schaffen und die Eltern als Bildungspartner der Kinder stärken, zumindest dort, wo es irgendwie geht. Und der Staat muss mehr Verantwortung für das Aufwachsen von Kindern übernehmen, auch wenn so mancher Leser jetzt aufschreit. Das geht zum Beispiel durch eine aufsuchende Sozialarbeit. Wir müssen dorthin, wo die Kinder sind, in die Familien und an Schulen. Ganz wichtig ist die individuelle Förderung der Kinder. Die Stärken jedes einzelnen Schülers müssen gefunden werden. Wir brauchen mehr Ganztagsschulen und eine Ausbildungsgarantie für jeden Schüler und Abgänger einer Schule. Dann und nur dann hat unser Land auch eine Chance.

Dafür brauchen wir mehr Lehrer, Erzieher, Sozialpädagogen, Ärzte, Psychologen und und und. Doch selbst das würde sich finanziell lohnen. Aber was viel wichtiger ist: Die Lebensqualität wird sich für Millionen von Kindern steigern.

Von Berlin-Neukölln nach Deutschland

Besonders in den ersten Jahren des Zuzugs von Gastarbeitern, wie man sie damals nannte, nach Deutschland ab den 1960er Jahren bekamen Lehrer ein Riesenproblem. Sie waren überfordert, weil die Kultusministerien keine Konzepte für die neue Situation – Schüler, die kein Deutsch sprechen – an den Schulen hatten. Jedes Bundesland machte sein eigenes Ding, und kein Land machte es richtig gut. Das hat leider bis heute Auswirkungen, vor allem in einem Bundesland wie Berlin.

In vielen Berliner Schulen ist der Anteil von Schülern mit Migrationshintergrund höher, als für ganz Deutschland in zwanzig Jahren prognostiziert wird. Problematisch wird es an den Schulen, wenn die Kinder in den sogenannten Ausländerklassen mehr in der Fremdsprache kommunizieren als auf Deutsch. Ein junges Elternpaar zog im Januar 2011 mit seinen Kindern aus Berlin-Neukölln weg, weil in der Klasse ihrer Zwillinge mehr als 90 Prozent der Kinder einen Migrationshintergrund gehabt hätten. Das wollten sie ihren Kindern und sich selbst nicht antun. Bis dahin gehörten sie zum stolzen und liberalen Neuköllner Bildungsbürgertum.

Eltern und auch die Politik sind stolz auf die gelungene Integration aller sozialen Schichten in diesem in der Tat multikulturellen Kiez. Doch bei der Bildung hört für fast alle Eltern der Spaß auf. Dass die Migration auch die deutsche Sprache verändert, hat man früher zwar nicht geahnt, sieht es heute allerdings als selbstverständlich an. Aber wer möchte schon, dass seine Kinder ein Kauderwelsch aus unterschiedlichen Sprachen sprechen? Was bedeutet dieses Durcheinander verschiedener Sprachen und kultureller Hintergründe für die Bildung unserer Kinder?

Für kaum ein Kind ist es gut, eine solche Multikulti-Schule zu besuchen, aber nur wohlhabende Eltern haben auch die Chance zu verschwinden, wenn sie bereit sind, für ihre Kinder in einen anderen Bezirk umzuziehen. Die deutschen Kinder aus den bildungsfernen Schichten dagegen müssen bleiben und gehen in einem Durcheinander unterschiedlicher Kulturen und Sprachen unter. Dieses Durcheinander regiert die Schulen in Problemvierteln schon seit einigen Jahrzehnten, aber zum Positiven verändert hat sich bisher wenig. Stattdessen produziert diese Situation jede Menge Verlierer.

Aber wer gehört innerhalb dieses Schulsystems zu den Bildungsverlierern? Natürlich sind das in Problemvierteln mit einem hohen Ausländeranteil zum einen die deutschen Kinder, die sich mit ihrer Muttersprache an einer deutschen Schule als Minderheit fühlen. Zum anderen sind es aber auch Kinder aus nicht deutschsprachigen Familien. Aber diese sind keineswegs eine homogene Gruppe, vielmehr gibt es große Unterschiede, so bestimmt auch hier der Bildungsgrad der Eltern den Schulerfolg der Kinder. Kinder iranischer Eltern, die zum Studium nach Deutschland gekommen sind, schneiden beispielsweise im Vergleich mit Kindern türkischer Eltern aus ärmlichen Gegenden ungleich besser ab.

Von München bis Flensburg bekommen Kinder aus vor allem muslimischen und bildungsfernen Migrantenfamilien in der Schule die rote Karte gezeigt. Damit lösen die Lehrer auf ihre Weise ihre Überforderung und geben auf, anstatt sich besser und individueller mit den Kindern zu beschäftigen. Unterstützung in ihrem negativen Verhalten erhalten sie durch die Bundesländer, die nicht bereit sind, mehr Gelder in die Bildung und damit in die Kinder aus bildungsfernen Schichten zu investieren. Hilfe von ihren Eltern können diese Kinder selten erwarten. Viele Mütter können kein Deutsch und sind in ihrer Heimat, wenn überhaupt, nicht länger als vier Jahre zur Schule gegangen. Auch in ihrer Heimatsprache sind sie also Analphabeten. Aber diese Mütter kümmern sich traditionell um die Erziehung ihrer Kinder. Der Vater ist fast nie involviert.

Das Scheitern vieler Migrantenkinder in der Schule und damit auch in unserer Gesellschaft liegt nicht daran, dass unser Land Ausländern grundsätzlich feindlich gegenübersteht. Wir haben kein Migrantenproblem, sondern wir haben ein Bildungsproblem, denn auch deutsche Kinder aus bildungsfernen Familien scheitern in unseren Lernfabriken mit einer Regelmäßigkeit, die nur wenige Ausnahmen zulässt. Es ist nicht abzuschätzen, welches brachliegende Bildungspotenzial dabei verschleudert wird, von den später zu erwartenden Mehrkosten ganz zu schweigen.

Dabei hat eine ehemalige Problemschule in Berlin-Neukölln gezeigt, dass es auch anders geht. Der Hilferuf der Schulleitung der Rütli-Schule im Jahre 2006 war klar und deutlich: Die Lehrer wurden mit ihren Krawallschülern nicht mehr fertig. Die Kinder störten den Unterricht, und ihre Leistungsbereitschaft war gleich null. Die meisten Lehrer hatten kapituliert, und der Krankheitsstand war sehr hoch. Der Fall ging damals durch die Presse, und das nicht nur bei uns in Deutschland. Heute ist diese Schule ein Vorzeigeprojekt. Die Rütli-Schule finanziert sich jetzt aus einer Mischung von staatlichen und privaten Geldern, und das Lernen funktioniert wieder, auch durch eine höhere Zahl an Pädagogen.

Wir können nicht mehr darüber streiten, ob bei Bildung, Kinderbetreuung oder der Integration das Glas halb voll oder halb leer ist. Wir haben eine kritische Phase erreicht, die ein Nichtstun oder Wegsehen der Politik nicht mehr zulässt. Warum orientiert sich das deutsche Bildungssystem nicht an den Ländern, wo die Bildungspolitik greift und funktioniert, an Finnland zum Beispiel?

Die Antwort ist leicht zu finden. Jedes Bundesland möchte seinen eigenen Weg gehen, und bei so vielen Kultusministern ist ein schnelles Reagieren auf einen Hilferuf unmöglich. Gerade bei der Integrationspolitik versagt das föderale System total. An den Türen unseres Schulsystems kleben tolle Schilder, phantasievolle Namen der unterschiedlichen Schulformen, aber strukturell verändert wird nichts. Die Hauptschule in der jetzigen Form ist überflüssig wie ein Kropf, und die Förderschulen sind Gift für die Kinder, die sie besuchen.

Wir brauchen eine Kitapflicht schon für zweijährige Kinder und wir brauchen Ganztagsschulen, an denen sich die Kinder wohlfühlen. Bei uns gehen Kinder auf eine Ganztagsschule, können sich aber das Mittagessen dort nicht leisten. Dabei sind sie schon ohne Frühstück in die Schule gekommen. Die Schüler scheitern an Lehrern, Lehrplänen und Richtlinien.

Machen wir uns doch nichts vor, unser derzeitiges Schulsystem ist bankrott. Es ist gemacht für Schüler, die von sich aus mitmachen können und von ihren Familien gefördert werden. Die Leistungsschwachen schaffen das nicht und fallen raus. Nur die Schüler, manchmal ihre Eltern und nicht immer ihre Lehrer merken, dass sie nicht mitkommen. Unterricht, der ausfällt, wird durch eigenverantwortliches Lernen ersetzt. Und wer dabei nicht mitmachen kann, hat schon wieder ein bisschen mehr verloren. Aber wie soll eine Ganztagsschule auch funktionieren, die genauso wenig Lehrer hat wie eine Schule, die um 13.30 Uhr schließt?

Theoretisch haben heute fast alle Menschen Zugang zu fast allen Informationen, Nachrichten und Öffentlichkeit. Man muss nur lernen, diese Zugänge auch zu nutzen. Große Teile unserer Kinder lernen das nicht, denn ihre Eltern sind sichtlich überfordert und ihren Kindern keine Hilfe. Diese Kinder werden zu einem großen Teil in der Bewältigung ihres Lebens scheitern und damit dem Steuerzahler zur Last fallen.

Sana aus dem Irak

Wir versuchen jede Arche in Deutschland und in der Schweiz regelmäßig zu besuchen. Die Arche in Berlin-Reinickendorf liegt in der Einflugschneise des Flughafens Tegel. Dort waren wir bis Anfang 2012 in einem ehemaligen OP-Saal eines Krankenhauses untergebracht. Dieses Gebäude war jedoch baufällig und musste abgerissen werden. Dafür konnten wir in unmittelbarer Nähe in ein altes Beamtenwohnheim ziehen, das noch aus Kaisers Zeiten stammt. Die Miete dafür bezahlt der Arche-Botschafter Mario Barth.

Die Reinickendorfer Arche gibt es jetzt schon seit über zwei Jahren. Über 60 Kinder besuchen uns dort jeden Tag. Fast alle diese Kinder lieben die Arche und prägen mit ihrer Art und ihrem Charakter unseren Arbeitsalltag. Eines dieser Kinder ist Sana, die gerade in der Arche ihren neunten Geburtstag mit uns zusammen feierte. Das zierliche Mädchen hat dunkelbraune Augen und sehr lange, pechschwarze Haare. Sie trägt vergoldete Ohrringe mit zwei kleinen dunkelroten Steinen.

Sana kommt seit Anfang 2010 in unsere Einrichtung. Sie lebt mit ihrer kleinen Schwester, ihrer Mutter, die ursprünglich aus dem Irak kommt, und ihrem Stiefvater zusammen in einem ziemlich heruntergekommenen Mehrfamilienhaus an einer vielbefahrenen Straße. Sanas Stiefvater stammt aus

Nordafrika. Er trägt einen ungepflegten längeren Bart, wirkt aber trotzdem auf den ersten Blick sympathisch. Früher kam er oft zu uns in die Arche, um nach seinen Kindern zu sehen, denn auch Sanas kleine Schwester kommt jeden Tag zu uns. Wir können durchaus sagen, dass der Stiefvater ein gutes Verhältnis zu seinen Kindern hat. Die Kinder erzählen viel von ihm und mögen ihn sehr. Das liegt zum Teil auch daran, dass er seinen Kindern häufig sehr teure Geschenke macht, für die er sich immer wieder verschuldet.

Kürzlich kam Sana mit einem nagelneuen iPad in die Arche. Der Vater hatte es ihr einen Tag zuvor gekauft. Die beiden waren zusammen in einem Kaufhaus gewesen. Auch die Schwester ging nicht leer aus und bekam ein teures Geschenk. Doch die Familie lebt schon seit vielen Jahren von Hartz IV. Wie kann Sanas Vater diese Geschenke dann finanzieren? Wir rufen die Mutter zu Hause an, und sie erzählt uns weinend, das ganze Geld für diesen Monat sei weg. Sie wisse nicht, wovon sie nun die Familie ernähren solle. Der Vater hat also, ohne nachzudenken, den gesamten Familienetat für diesen Monat an einem einzigen Nachmittag für teures «Spielzeug» verprasst.

Aber das ist noch nicht alles: Im Essensraum der Arche gibt es ein Riesengeschrei. Ein Mädchen blutet an der Lippe. Weinend fällt die 8-jährige Chantal einer Arche-Mitarbeiterin um den Hals. Zitternd zeigt sie mit dem Finger auf Sanas Stiefvater. «Der hat mir mit der Hand ins Gesicht geschlagen!» So etwas gab es in der Arche noch nie.

Sanas Vater hat seine beiden Töchter in die Arche gebracht und beobachtet, wie Chantal eine seiner Töchter beim Spielen angeblich ärgerte. Er kann sich nicht beherrschen und schlägt das Kind im Affekt. Der Vater bekommt unverzüglich Hausverbot und darf die Arche seitdem nicht mehr betreten. Wir vermuten, dass auch die Mutter von Sana schon Gewalterfahrungen mit ihrem Mann sammeln musste. Einmal kommt sie mit schweren Verbrennungen an den Händen und im Gesicht in ein Krankenhaus. Die Kinder verraten uns: «Das war Papa.» Mehr wollen sie uns nicht sagen. Wir suchen die Familie unverzüglich auf und versuchen zu helfen. Die Mutter streitet den Vorfall ab. Sie habe sich beim Kochen verletzt, erzählt sie uns und auch ihren Ärzten.

An Sana ist uns von Anfang an aufgefallen, dass sie – obwohl erst in der ersten Klasse – immer sehr bedrückt aus der Schule kommt. Natürlich wollen wir wissen, was ihr denn fehle. Die Antwort schockiert uns: «Ich bin zu dumm.» Die meiste Zeit hält sie ihren Kopf gesenkt und scheint einfach keine Freude am Leben zu haben. Obwohl die Mitarbeiter sich intensiv um Sana kümmern, scheitert das Mädchen fast immer an ihren Hausaufgaben. Sie hat den Anschluss an ihre Klasse längst verloren.

Wir versuchen, die Mutter von Sana zu ermutigen, ihrer Tochter bei den Hausaufgaben zu helfen. Immer wieder sprechen wir mit ihr, doch nichts passiert. Dann bitten wir die Mutter zu einem ausführlichen Gespräch in die Arche. Dort erzählt sie uns mit zittriger und leiser Stimme, dass sie nicht lesen und schreiben könne, da sie im Irak nur sehr kurz eine Koranschule besuchen durfte. Wir ermutigen die Mutter, zumindest Interesse für die Schularbeiten von Sana zu zeigen. Später dann finanzieren wir der Mutter einen Sprachkurs, den sie schon nach wenigen Wochen wieder abbricht. Sie hat keine Lust, jetzt noch die Schulbank zu drücken. Sana ist darüber sehr enttäuscht. Doch das Mädchen hat noch eine unangenehme Überraschung zu verdauen: Das Zeugnis von Sana ist unvorstellbar schlecht. Sie kann kaum selbständig Buchstaben, geschweige denn ganze Wörter lesen oder gar schreiben.

Doch im Sommer 2010 kommt die Wende. Mittlerweile haben wir das Vertrauen des Kindes gewinnen können. Sana erzählt uns von ihren Sorgen und Problemen und taut immer mehr auf. Dann starten wir in den Sommerferien ein spezielles Hausaufgabenprojekt für leistungsschwächere Schüler, an dem nur wenige Kinder aus der Arche teilnehmen. Jedes Kind darf mit unserer Lerntherapeutin für die Schule lernen. Wir können kaum glauben, wie viel Spaß es den Kindern macht, und es gibt einen regelrechten Wettkampf, wer denn morgens anfangen darf. Dabei geht es nicht nur darum, Buchstaben und Zahlen zu üben, sondern vor allem um die Freude am Lernen. Wir wollen den Kindern in den Archen zeigen, dass sie ganz viel können und viel schlauer sind, als sie meist selber glauben.

Die ersten Auswirkungen des Ferienunterrichtes werden schnell deutlich. Sana stolziert auf einmal mit erhobenem Kopf durch die Räume der Arche, spielt selbstbewusst mit den anderen Kindern und lächelt vor allem vielmehr als in den Monaten zuvor. Wie kann sich ein Kind so schnell zu seinen Gunsten verändern? Innerhalb weniger Tage und Wochen stellt sie bei sich etwas fest: «Ich bin nicht dumm, auch wenn es andere sagen!» In diesem Sommer lernt sie, vielleicht sogar unbewusst, dass sie viel mehr kann, wenn sie mit Freude an eine Sache herangeht. Wir haben ihr jeden Tag aufs Neue deutlich gemacht, dass sie ein wunderbares Mädchen ist, über dessen Besuch wir uns immer wieder freuen.

Mit dem Ende der Sommerferien kann Sana den Beginn des Schulunterrichts kaum erwarten. Sie weiß zwar, dass sie die Klasse wiederholen muss, aber sie will unbedingt sich und vor allem ihren Freunden beweisen, dass sie schlau ist. Sana will ihrer Mutter das Erlernte am Nachmittag vor Schulbeginn in der Arche zeigen und auch beibringen. Doch die Mutter hat den Glauben an ihre eigenen Fähigkeiten endgültig verloren. Sana ist sehr traurig darüber. Sie hat gerade erst festgestellt, dass Lernen Spaß machen kann, und muss nun bei ihrer Mutter das genaue Gegenteil mit ansehen.

Dieses Beispiel macht deutlich, wie wichtig es ist, Kinder von Anfang an zu unterstützen. Je jünger man ist, desto schneller und besser kann man lernen. Sana wird vielleicht ihr ganzes Leben lang auf fremde Hilfe angewiesen sein. Aber wir sind uns sicher, dass diese Hilfe nicht vergebens ist und dass Sana bei ihren eigenen Kindern vieles anders machen wird.

Das Internet kann zur Bildungsfalle werden

Immer wieder werden ganze Generationen mit einem prägnanten Schlagwort etikettiert. Es gab die «Fernsehgeneration» oder die «Generation Golf». Heute spricht man von der «Generation facebook». Was ist damit gemeint? 90 Prozent der Kinder in Deutschland zwischen fünf und 15 Jahren nutzen einen Computer. Das zeigen verschiedene Umfragen und Schätzungen. Drei Viertel aller Kinder gehen von zu Hause aus ins Internet. Diese Zahl übertrifft deutlich den Onliner-Anteil des Durchschnitts aller Bevölkerungsgruppen. Doch welchen Einfluss hat der Zugang zu Computer und Internet auf die Bildung unserer Kinder?

Kinder gehören an den Computer. Sie spielen und verbessern dabei ihre Fähig- und Fertigkeiten. Sie lernen und halten soziale Kontakte aufrecht, das ersetzt Brieffreundschaften, wie sie früher gepflegt wurden. Und nicht zu vergessen, Kinder schlagen im Internet Fakten für die Hausaufgaben nach. Das ist auch gut so. Voneinander unabhängige Untersuchungen haben gezeigt, dass sich ihre schulischen Leistungen verbessern, sobald Kinder zu Hause einen Internetzugang haben. Machen also die digitalen Medien unsere Kinder schlauer?

Jedes Kind weiß heute, dass das Internet fast alle Fragen beantwortet. Man muss nur lernen, damit auch richtig umzugehen. Daher müssen unsere Kinder vor dem Computer auch geschützt werden, weil sie vor dem Bildschirm jedes Zeitgefühl verlieren und am Ende nur noch spielen, anstatt sich mit Freunden zu treffen, und weil im Internet auch Gefahren lauern. Eine Lösung für diese Probleme bieten nicht Verbote, die den Kindern den Zugang zum Internet verwehren, denn auch schon Grundschulkinder sollten Zugang zum Internet haben. Der Schlüssel hierbei ist vielmehr, dass Eltern ihre Kinder im Umgang mit dem Internet anleiten und ihre Kompetenzen an die Kinder weitergeben.

Heute gibt es Kinder, die ohne weiteres über ihr Handy oder aber auch von zu Hause aus Zugriff auf das Internet haben. Leider gibt es bestimmte Seiten, auf die man mit wenigen Klicks ohne Altersangabe kommt. Oft muss man nur anklicken, dass der Benutzer mindestens 18 Jahre alt ist, und schon ist man auf Pornoseiten oder Seiten, die Gewalt propagieren. Besondere Sorgen bereiten Eltern die Möglichkeiten anonymen Mobbings. Mit pseudonymen Accounts und in der scheinbar irrealen Parallelwelt sozialer Netzwerke gewinnen Mobbing-Attacken erheblich an Schärfe im Vergleich zu denen im realen Leben. Besonders verheerend ist es, wenn Videos die Runde machen, die für die Betroffenen peinlich sind. Einige Jugendliche haben Spaß daran, sich dem Partner per E-Mail und MMS leicht oder gar nicht bekleidet zu präsentieren, es gibt dafür sogar einen eigenen Begriff, das «Sexting». Für sich genommen ist das eher harmlos, aber wenn diese Bilder im Internet kursieren und Freunde und Bekannte darüber stolpern, kann das schlimme Folgen haben.

Kinder können bei der Nutzung von sozialen Netzwerken noch schlechter als ihre Eltern einschätzen, welche Daten schutzwürdig sind und welche nicht. Partyeinladungen auf facebook können durch ein falsch gesetztes Häkchen direkt in eine Katastrophe führen. Nicht immer kommt die Polizei so pünktlich wie bei der Party von Thessa in Hamburg, wo 1500 Teenager den Veranstaltungsort stürmen wollten.

Eine Gefahr für den Geldbeutel lauert in Online-Communitys und -Spielen, die zwar grundsätzlich gratis sind, bei denen aber virtuelle Gegenstände in der virtuellen Welt für echtes Geld erworben werden können. Diese Güter üben auf Kinder und Jugendliche eine magische Anziehung aus. Wenn das Taschengeld dafür nicht reicht, können sie sich über die Telefonrechnung der Eltern bedienen, indem sie Mehrwertdienste anwählen oder den Betrag über die Handyrechnung abbuchen lassen. Und genau darauf setzen die Betreiber und bieten das als komfortable Zahlungsmethode an.

Das Internet hat heute nachweisbar – das haben Untersuchungen der Arche gezeigt – einen positiven Einfluss auf die Benutzer. Die Kids sind mit dem Netz groß geworden, und sie kennen das Leben ohne das World Wide Web nicht. Das Internet hat aber bei vielen Menschen ein schlechtes Image, gerade wenn es um Bildung geht. Denn man kritisiert am Internet die unzähligen Möglichkeiten, sich unterhalten und ablenken zu lassen. Doch die Möglichkeit, sich durch Nebensächlichkeiten abzulenken, war schon immer vorhanden.

Zwei Drittel aller Internetbesucher geben laut einer Umfrage des Internet-Branchenverbandes BITKOM an, dass sie mit dem Internet ihre Allgemeinbildung verbessert hätten. Gern benutzt werden Online-Lexika wie Wikipedia, die die Nutzer dadurch überzeugen, dass man aktiv mitmachen kann. Dadurch, dass man selbst mit seinem Wissen an die Öffentlichkeit geht, ist man motiviert, gründlich zu recherchieren, bevor man einen Beitrag erstellt oder ändert.

Allerdings sind diese positiven Einschätzungen zu Internet und Bildung nicht unumstritten. Lehrer, die Online-PCs im Unterricht einsetzen, müssen darauf achten, dass die Schüler auch an ihren Lernaufgaben bleiben und sich nicht von Gaming- oder Werbeangeboten ablenken lassen. Internet und Bildung können wirklich sehr gut miteinander harmonieren, müssen dabei aber gezielt gesteuert und kontrolliert werden. Dass das Internet dumm macht, kann wohl kaum jemand ernsthaft behaupten.

Wie können also Kinder und Jugendliche an eine verantwortungsvolle Nutzung des Internets herangeführt werden?

Politik, Bildungswesen und das Elternhaus spielen eine Schlüsselrolle: Heute sind die Kids bei der Art und Weise, wie sie mit diesem nahezu unbegrenzten Zugang zu allen nur erdenklichen Informationen umgehen, viel zu oft auf sich allein gestellt. Kommunikation und Bildung verändern sich durch die modernen Technologien ständig. Wir können zurzeit von einer Evolution des Lernens sprechen, zumindest bei denen, die auch bereit sind, die neue Technik zu nutzen. Und dabei spielen wieder die Eltern, Lehrer und Erzieher eine entscheidende Rolle. Der Wissenstransfer von den Eltern zu ihren Kindern und von den Lehrern zu den Schülern wird entscheidend ergänzt durch eine fast nie gesteuerte und von den Kindern und Jugendlichen selbst initiierte digitale Informationsflut. Es ist daher für unsere Kinder enorm wichtig zu lernen, wie man im Netz nach Wissenswertem sucht und wie man mit den Informationen umgeht, die keinen konstruktiven Beitrag zur Bildung und Entwicklung junger Menschen leisten.

Dort, wo die Eltern wegfallen, müssen die Kinder durch externe Hilfen unterstützt werden. Sonst legen sie einen Fehlstart hin und können die anderen Kinder nie mehr einholen.

Keine Zukunft ohne Bildung

Die deutschen Bürger haben begriffen, dass unser Land ohne Bildung keine Chance hat. Sie wünschen sich tiefgreifende Veränderungen in der deutschen Bildungslandschaft. Und wo sehen sie den größten Reformbedarf? Natürlich bei unseren Schulen. Alle wollen Veränderungen, doch es passiert wenig.

2011 gab es die bisher größte Bildungsumfrage in Deutschland. Fast eine halbe Million Menschen haben mitgemacht und einen Fragebogen mit unterschiedlichen Fragen zum Thema Bildung ausgefüllt. Organisatoren waren Roland Berger Strategy Consultants, die Bertelsmann Stiftung und die beiden Tageszeitungen *Bild* und *Hürriyet*. Diese Umfrage unter 480 000 Menschen war zwar nicht repräsentativ, aber sie hat schon gezeigt, dass die deutschen Bürger einer kleinen Bildungsrevolution nicht abgeneigt gegenüberstehen.

Woran wurde die Kritik festgemacht? Der Bildungsföderalismus stößt den meisten Menschen übel auf. «Jedes Bundesland wurstelt in Sachen Bildung vor sich hin, und keiner merkt, wie unsere Kinder dabei auf der Strecke bleiben. Es ist doch logisch, dass viele Köche den Brei verderben und viele Kultusminister unseren Kindern die Suppe versalzen», heißt es in der Untersuchung. Der Politik wird keine Bereitschaft zu grundlegenden Reformen zugetraut. Die Bürger fordern von unseren Politikern mehr Mut zur Veränderung. Wenn bei einer solchen Befragung 80 Prozent der Umfrageteilnehmer die Reformbereitschaft der Politik beim Thema Bildung für «gering» oder «sehr gering» halten, ist was faul bei uns im Land.

Über 50 Prozent trauen immerhin den Lehrern Mut zur Veränderung zu. Das ist überraschend. Aber die Menschen wollen bei den Veränderungen mitgenommen werden. Sie akzeptieren keinen Eingriff von oben mehr. Und in der Tat, gegen den Willen der Bevölkerung lassen sich Reformen nur schwer durchsetzen. Der Vorstandsvorsitzende der Deutschen Telekom AG, René Obermann, spricht das aus, was heute viele Unternehmer denken: «Bildung ist der Motor unserer Zukunft und darum dürfen wir uns es nicht leisten, dass Bildung und Aufstiegschancen zu oft von der Zugehörigkeit zu einer sozialen Schicht abhängen.» Das sind deutliche Worte, die den Nerv fast aller Unternehmer treffen. Auch in den Archen merken wir das.

Warum engagieren sich immer mehr deutsche Politiker auf dem sozialen Sektor? Nicht nur weil sie gute Menschen sind, sondern auch weil Deutschland ohne fähige Köpfe keine Zukunft hat. Und intelligente, starke Kinder sind nicht immer nur die Sprösslinge der Reichen und Schönen, Kinder von Politikern und aus dem Bildungsbürgertum. Wir müssen alle Kinder auf dem Weg zum Erfolg mitnehmen, Kinder von den Migranten, die unsere Sprache nicht sprechen oder bildungsfern sind, und Kinder aus sozial schwachen Familien.

Die Umfrage hat auch gezeigt, dass die Menschen mit türkischem Migrationshintergrund sich eine bessere Förderung von Einwandererkindern wünschen. Im Moment ist Bildungserfolg in Deutschland sehr abhängig von der Herkunft, und zwar von der sozialen und der ethnischen. Der Betriebsratsvorsitzende von Porsche, Uwe Hück, sagte kürzlich in einer Fernseh-Talkshow, dass in Deutschland jeder seinen Weg gehen könne, wenn er nur wolle (*Peter Hahne*, ZDF, 27.11.2011). Der Mann wirkt realitätsfremd.

Natürlich kann heute die Tochter einer Putzfrau ohne große Probleme das Abitur machen und studieren. Hier geht es nicht mehr um die Aufstiegschancen von Kindern aus der Arbeiterklasse – das ist Schnee von gestern –, heute geht es um die bildungsferne Schicht. Um Kinder von Eltern, die ihre Kinder vernachlässigen und sie verwahrlosen lassen. Wenn Kinder heute sprechen lernen, indem sie stundenlang vor dem Fernseher sitzen, dann werden die Menschenrechte dieser Kinder elementar verletzt. Es geht gar nicht darum, Schuldige auszumachen. Es geht darum, dass wir diese Kinder brauchen, denn ohne sie geht es nicht, basta.

Entgegen der landläufigen Auffassung sind die Menschen in Deutschland auch bereit, sich stärker an der Finanzierung des Bildungswesens zu beteiligen. Zwei Drittel der Deutschen, das hat die Umfrage «Zukunft durch Bildung» gezeigt, sind gewillt, für ein besseres Bildungssystem höhere Steuern in Kauf zu nehmen. Vor allem Lehrer und Schüler wären bereit, für Bildung mehr Geld auszugeben. Auch der größte Teil der Menschen mit türkischem Migrationshintergrund stimmten dem zu. Bei den Lehrern mag es ja vollkommen logisch scheinen, da sie sich damit ihren Arbeitsplatz sichern wollen. Aber auch Teilnehmer mit niedrigem und mittlerem Bildungsniveau erklären sich für eine solche steuerliche Zusatzbelastung bereit. Steuererhöhungen für Verbesserungen im Umweltschutz oder im Gesundheitswesen lehnen die Menschen ab. Das ist nur konsequent. Denn wenn wir durch eine bessere Bildung auch wieder mehr Menschen und vor allem gut ausgebildete

Menschen in Lohn und Brot bringen, dann ist auch wieder mehr Geld für die Umwelt- und Gesundheitspolitik in den Steuerkassen.

Über die Hälfte der Deutschen ist auch für einen verbindlichen Kitabesuch. Und mehr als zwei Drittel aller Teilnehmer plädierten für einen späteren Wechsel auf die weiterführende Schule. Viele Eltern wollen ihre Kinder länger auf einer Grundschule wissen. Wichtig ist ihnen vor allem ein guter Klassenverbund und Kontinuität. Auch die Ganztagsschule ist der Favorit der Eltern. Mit einer Kitapflicht und der Ganztagsschule wären gerade die Kinder aus schwierigen Familienverhältnissen den ganzen Tag über betreut. Doch eine Ganztagsschule braucht auch mehr Lehrer, die für lau nicht zu haben sind. Aber durch Steuererhöhungen oder die Verschiebung politischer Prioritäten wären sie leicht zu bezahlen.

Neun von zehn Befragten sprechen sich für einheitliche Abschlussprüfungen in ganz Deutschland aus, gleiches Recht für alle also. Es sollte nicht sein, dass ein Schüler sein Abitur in Bayern mit einer Drei besteht und bei gleichen Leistungen in Berlin eine Zwei bekommen hätte, nur weil die Leistungsniveaus in den beiden Ländern unterschiedlich sind. Die Konkurrenz zwischen den Bundesländern wird als nicht förderlich für eine Qualitätssteigerung des Bildungssystems angesehen. Also immer wieder Kritik am Föderalismus, den in Deutschland außer den Politikern keiner mehr will. Und auch da geht es nur um Machtpolitik. Wir bräuchten eine kleine Bildungsrevolution, um den Föderalismus zu besiegen, so etwas wie einen bildungspolitischen Neuanfang.

Etwas mehr als die Hälfte aller Menschen lehnt das Gießkannenprinzip in der Bildungspolitik ab. Sie wollen gerade Schulen in Problemvierteln stärker gefördert sehen. In dieser

Frage gibt es also noch keinen breiten gesellschaftlichen Konsens mit Blick auf mehr Chancengerechtigkeit im Bildungswesen. Wir müssen immer wieder daran erinnern, dass unzureichende Bildung in Deutschland nicht allein das Problem der Ungebildeten ist, sondern dass sie uns alle angeht. Bildung ist der Schlüssel, der Ausgrenzung und Spaltung verhindern kann. Mit verbesserten Ausbildungsmöglichkeiten für alle gäbe es nicht nur weniger Verbrechen, nein, auch Ausländerfeindlichkeit und Gewalt würden abnehmen. Wenn wir also mehr Geld für die Gesellschaftsgruppen ausgeben, die es dringender benötigen, helfen wir nicht nur ihnen, sondern der gesamten Gesellschaft.

Und Bildung findet heute nicht nur in der Schule statt. Lebenslanges Lernen und Fortschritt durch Interesse werden für den einzelnen Menschen, aber auch für Wirtschaft und Gesellschaft immer wichtiger. Das gilt gerade in Zeiten von Krisen und wirtschaftlichen Unruhen. Auch der Zusammenbruch der Finanzmärkte hängt sehr stark mit den Bildungssystemen in den verschiedenen Staaten zusammen. Gerade in wirtschaftlichen Krisenzeiten ist die Gefahr von Aufspaltungsprozessen besonders groß. Wenn benachteiligte Gruppen – also bildungsbenachteiligte und bildungsferne Schichten sowie Migranten – sich nicht einbringen, nicht teilhaben an unserer Gesellschaft, laufen wir in der jetzigen Situation Gefahr, international isoliert zu werden. Durch mehr Bildung wachsen die Staaten auch immer enger zusammen. Bildung und Zukunft gibt es allerdings nicht zum Nulltarif. Teilhabe an Arbeit, Bildung und gesellschaftlicher Entwicklung fördert ein internationales Zusammengehörigkeitsgefühl. Eine wichtige Aufgabe von Bildung bleibt die berufliche Qualifizierung und damit die Förderung der Wettbewerbsfähigkeit unserer Wirtschaft und des

Wirtschaftsstandorts Deutschland. Nur mit gut ausgebildeten Fachkräften können wir nationale und internationale Krisen überstehen. Gut ausgebildete Menschen finden immer Mittel und Wege zur Krisenbewältigung.

Aktuell ist ungefähr jeder Fünfte in Deutschland über 60 Jahre alt. In 25 Jahren wird es jeder Dritte sein. Wenn jetzt schon jeder vierte bis fünfte 15-Jährige bei uns nicht mehr lesen und schreiben kann, wie sieht dann unsere Zukunft aus? Das alles hat natürlich Auswirkungen auf den Arbeitsmarkt, die Versorgung und den gesellschaftlichen Zusammenhalt. Wenn dieses Szenario in 25 Jahren eintritt, dann werden wir ohne große Bildungsreformen als Land untergehen. Weder die Renten der Alten noch die Transferleistungen für die Benachteiligten werden wir bezahlen können. Und diese beiden Gruppen werden dann aufstehen und Steine werfen.

Die meisten Kritiker unserer sozialen Arbeit in den Arche-Häusern werfen uns vor, den «Schmarotzern das Geld nachzuwerfen», oder sie drücken es mit kräftigeren Worten aus. Warum? Weil bei uns die Eltern oder besser Mütter mit ihren Kindern kostenlos zu Mittag essen können und sie auch weitere kostenlose Leistungen für ihre Kinder erhalten. Das fängt beim Nachhilfeunterricht für Kinder an und hört bei Kochkursen für Eltern auf. Aber es geht eben nicht mehr darum, faule Eltern zu unterstützen. Übrigens: Die meisten Mütter, die wir kennen, würden gerne mehr für ihre Kinder tun. Sie schaffen es nur nicht, weil auch sie es nicht gelernt haben. Es geht uns darum, junge Mütter zu fördern und ihre Kinder stark zu machen, weil wir die Mütter und die Kinder brauchen. Auf die Stammtischparolen aus den Kneipen können wir verzichten.

Mark Twain hat einmal gesagt: «Seife und Bildung wirken nicht so prompt wie ein Massaker, auf lange Sicht aber viel verheerender.» Bildung kann also etwas bewirken. In welche Richtung es gehen soll, auf der Autobahn in Richtung Bildungsbankrott, wie bisher, oder in Richtung eines Bildungsschlaraffenlands, müssen wir entscheiden. Noch ist Zeit, das Steuer herumzureißen. Bildung umfasst einen lebenslangen Lernprozess, vom Kindergarten über die Schule, die Hochschulen, die Volkshochschulen bis zur betrieblichen Fortbildung wie auch individuelle Anstrengungen.

Die Situation der Bildung zu verbessern ist eine gesamtgesellschaftliche Aufgabe, der sich alle staatlichen Ebenen und gesellschaftlichen Gruppen, von den Arbeitgebern, Gewerkschaften, Kirchen bis hin zu den Familien, stellen müssen. Voraussetzung, um diese Aufgabe zu bewältigen, ist eine adäquate Finanzausstattung. Warum gehen wir also nicht den nächsten Schritt und fordern ein Auffüllen dieses Topfes als sozialpolitischer Rettungstopf? Die Eltern und Kinder werden es uns danken.

3367 Euro für ein ganzes Leben
von Dr. Clemens Beck

Als ich vor nunmehr sechs Jahren das Amt des Stiftungsvorstands der Beck'schen Stiftung von meinem Onkel übernahm, da wusste ich nicht viel über Gemeinnützigkeit und Kinderarmut. Ich machte Karriere als ertragsorientierter Banker im Bereich Corporate Finance. Danach kümmerte ich mich, immer noch um optimierte Mieten bemüht, um den Immobilienbestand meiner Familie. Mein Onkel schließlich übertrug mir kurz vor seinem Tod im Jahr 2006 den Vorstand seiner Stiftung.

Meinem Vater und ihm gehörte im Westen von Berlin eine Lebensmittelkette, die sie einvernehmlich abgeben konnten. Da mein Onkel keine Erben hatte, brachte er sein Geld in eine Stiftung ein. Dieses Geld wurde in Immobilien investiert, deren Ertrag jährlich an gemeinnützige Einrichtungen fließt. Unter anderem profitieren davon die Deutsche Stiftung Denkmalschutz, die Deutsche Herzstiftung oder die Kurt-Hahn-Stiftung, die Stipendien für Schüler aus den neuen Bundesländern für die Schule Schloss Salem vergibt.

Vor drei Jahren veränderte sich dann mein Leben, als ich Bernd Siggelkow kennenlernte und zum ersten Mal von Kindern hörte, die in Deutschland außerhalb unserer Gesellschaft dahinvegetierten. Meine Frau und ich besuchten ihn in der Mutter-Arche, der ersten Arche überhaupt, in Berlin-Hellersdorf. Mit ihm und seinen Mitarbeitern sah ich zum ersten Mal Hunderte von Kindern, die die Arche-Räumlichkeiten im Osten Berlins bevölkerten. Viele dieser Kinder hingen ihm am Rockzipfel und wollten ihn nicht mehr loslassen. Es herrschte eine Atmosphäre, die ich nur schwer beschreiben kann und die mich und meine Frau bis heute fasziniert. Irgendwie erinnerte mich dieser Pastor an Martin Luther, der zu seiner Zeit ebenfalls ein hohes Wagnis einging und seine Überzeugung durchsetzte.

Bernd Siggelkow machte mich auf das Schicksal unzähliger Kinder aufmerksam, die in ihren eigenen Familien keine Unterstützung und keine Zuneigung erfahren. Sie sind auf sich allein gestellt. Seit damals engagiere auch ich mich für die Arche und die Kinder, die ohne Unterstützung von außen keine Chance auf ein gesichertes Leben haben. Heute bin ich ein Teil davon und möchte es auch in Zukunft bleiben, denn der Arche-Gründer trug mir das Vorstandsamt der Arche-Kinderstiftung an. Seitdem blicke ich noch tiefer und aus einer anderen Perspektive in die Kinderherzen und Kinderseelen hinein, als das bei unseren eigenen Kindern der Fall ist. Mir wurde plötzlich klar, dass Themen wie Kinderarmut, Schulabbruch oder Mangel an Vorbildern über ein Drittel unserer Kinder in Berlin, ja in ganz Deutschland betreffen. Das war für mich vollkommen neu.

Ich handelte sofort. Mit der Beck'schen Stiftung wurde ich Partner bei der Deutschen Kinder- und Jugendstiftung (DKJS) und der Arche Kinderstiftung. Beide Institutionen unterstütze ich seit dieser Zeit. Die DKJS wurde vor Jahren von unserer ehemaligen Bundestagspräsidentin Dr. Rita Süssmuth gegründet. Nach internationalem Vorbild taten sich Länder, vertreten durch die Ministerpräsidenten, mit dem «Who's Who» der privaten Stiftungslandschaft und den Bildungsträgern der Bundesländer zusammen. Die DKJS hat ihren Sitz in Berlin und ist sehr gut vernetzt.

Ein Projekt ist besonders spannend und wirklich sehr erfolgreich: Seit 2006 werden für Berliner Haupt- und Sekundarschüler Sommercamps mit einem Motivationsprogramm organisiert. Achtklässler beschäftigen sich in diesen Wochen mit ihren Berufswünschen, machen erste praktische Erfahrungen in Betrieben und stellen sich Aufgaben, die im Team gelöst werden müssen. Das ist sehr spannend, und die jungen Menschen sehen auf einmal Perspektiven für ein Leben nach der Schule.

Kassiopia Nadin Abel – ihre Freunde nennen sie nur Kessy – nahm vor vier Jahren an einem dieser Camps teil. Sie wohnt mit ihrer Familie in Berlin-Reinickendorf. «Für mich war es die einzige bezahlbare Möglichkeit, an eine Reise für mein Kind zu kommen. Ich könnte mir das nicht leisten, Ausflüge in den Europapark oder zum Beispiel Kanufahrten und was da so angeboten wird», sagt die Mutter. Ihre Tochter sitzt daneben auf dem Sofa und guckt etwas betreten. Mit 17 Jahren möchte man eigentlich für sich selbst reden, doch «reden ist nicht so mein Ding», sagt Kessy dazu.

Zusammen mit einigen Mitschülerinnen und Freundinnen ging sie damals für drei Wochen in dieses Camp. Sie wusste nicht, was da so auf sie zurollte, aber sie war neugierig. Sie schrieb mit an einem Theaterstück, in dem sie bei der Aufführung eine Polizistin spielte. Sie trug dazu eine echte Uniform. Sie arbeitete für einen Tag in einem Blumenladen und in einer Töpferei. «Mir hat das damals alles sehr geholfen, und ich habe versucht, das, was wir dort besprochen haben, auch in meine Familie zurückzutragen», sagt Kessy und klingt dabei sehr erwachsen. «Kessy achtet stets auf andere und hat ein Ohr für deren Probleme. Sie hat sich engagiert am Geschehen beteiligt und wohlüberlegte Beiträge beigesteuert», heißt es in ihrem Teilnehmerzertifikat. Darauf ist sie sehr stolz. Sie zeigt mir T-Shirts, die ihre Mutter nicht waschen darf, weil sie voller Unterschriften der anderen Teilnehmer sind. Auch in einem Schreibheft haben sich ihre Camp-Kollegen verewigt. «Du bist toll», steht da und: «Du bist stark, lass Dich nicht unterkriegen!»

Diese drei Wochen haben das Leben von Kessy für immer verändert. In den verbleibenden Schuljahren hat sie sich vermehrt in Projekten engagiert und fleißig gelernt, zumindest mehr als in den Jahren vor dem Camp. Vor allem hat sie die Schulpraktika für die Berufswahl aktiv genutzt. «Da habe ich viel gelernt», sagt sie heute. Ihren Schulabschluss hat Kessy dann auch geschafft, gerade so, aber immerhin. Jetzt ist sie in der Ausbildung zur Gesundheits- und Krankenpflegerin.

Kessy ist eine von hundert Haupt-, Sekundar-, Gemeinschafts- und Förderschülern im Jahr, denen die DKJS gemeinsam mit weiteren Partnern die Chance gibt, sich auf einen Schulabschluss und einen Ausbildungsplatz vorzubereiten. Immer mehr Eltern und Lehrer nutzen solche unterstützenden Angebote, um unmotivierte und orientierungslose Kinder, denen mit verfehltem Schulabschluss die Arbeitslosigkeit droht, individuell aufzubauen und zu motivieren. Deshalb haben sich private Sponsoren und die Senatsverwaltung für Bildung, Wissenschaft und Forschung in Berlin zur nachhaltigen Förderung dieser Schüler entschlossen.

Unter Federführung der DKJS werden in einem Auswahlverfahren heterogene Gruppen zusammengestellt. In den Camps werden die jungen Menschen gezielt an Berufe herangeführt, in der Teamarbeit angeleitet und vor allem in den Unterrichtsthemen geschult. So schaffen rund 90 Prozent der Jugendlichen in den Camp-Programmen Jahr für Jahr die Versetzung und in der Folge auch den Schulabschluss. Und 66 Prozent dieser Kinder bekommen sogar einen Ausbildungsplatz. Einen solchen ergattern durchschnittlich nur 27 Prozent aller Berliner Hauptschüler nach der Schule. Da fragt man sich natürlich, warum die Camp-Teilnehmer einen Abschluss meistern und beinahe drei Viertel der allein gelassenen Berliner Hauptschüler scheitern?

In den Camps vermitteln die Pädagogen den Jugendlichen Orientierungsfähigkeit bei der Berufswahl. Außerdem nimmt ihr praktisches Wissen, was den Berufseinstieg angeht, zu und sie sind besser fähig zur Selbstreflexion. Das gelingt in erster Linie durch die individuelle Begleitung der Jugendlichen über mindestens zwei Jahre. Mit einem dreiwöchigen Einstiegscamp, verschiedenen Angeboten während des folgenden Schuljahrs sowie einem anschließenden Alumnicamp bereiten sie sich intensiv auf den Übergang von der Schule in den Beruf vor. Und das offensichtlich mit Erfolg.

Mit jährlichen Kosten von 330 000 Euro betragen die Kosten bei 90 erfolgreichen Teilnehmern pro Schulabschlusserfolg 3667 Euro. Das sind hinsichtlich der enormen Kosten dauerhafter staatlicher Transferleistungen unglaublich preiswerte Startkosten, die bestenfalls ein ganzes Arbeitsleben nachwirken. Die Kosten der sozialen Integration sind hier nicht einmal berücksichtigt.

Mehr Gehalt durch bessere Bildung

Der durch die Wirtschaftskrise zu erwartende langfristige Anstieg der Arbeitslosigkeit wird in den kommenden Jahren auch die Jobaussichten für junge Menschen dramatisch verschlechtern. Umso mehr lohnt es sich für junge Menschen, ihre Schulzeit nicht zu verschenken, sondern sich auf den Hosenboden zu setzen und fleißig zu lernen. Auch für den Staat ist es wichtig, in Bildung und höhere Qualifikationen für alle Kinder und Jugendliche zu investieren, denn nur so kann man Wirtschaftskrisen und Rezessionen überstehen. Wer eine gute Ausbildung hat, bekommt auch einen besseren Job. Selbst in schwierigen Zeiten sucht die Wirtschaft qualifizierte Mitarbeiter und findet sie oft in unserem eigenen Land nicht.

In Deutschland werden seit Jahrzehnten bildungspolitische Schlachten geschlagen. Friedensabkommen werden selten erzielt, denn auf dem Schlachtfeld stehen sich zwei Parteien gegenüber, die sich nichts schenken, Bund und Länder. Und wie in jedem Krieg gibt es mehrere Verlierer. Das sind besonders Kinder aus sozial schwachen Familien. Die Schüler aus dem Bildungsbürgertum führen in Wirklichkeit ein weitgehend ungestörtes Dasein und stehen immer auf der Gewinnerseite, dafür sorgen schon ihre Eltern.

Aber es hat einen Wechsel an der Spitze gegeben. Hier haben sich die Mädchen in den letzten drei Jahrzehnten besonders gemausert. Sie machen häufiger Abitur als Jungen, und Jungen bleiben bei Bildungsabschlüssen immer weiter hinter den Mädchen zurück. An Universitäten sind Jungen längst in der Minderheit. Das belegt eine Studie aus dem Jahr 2005 von Andreas Ammermüller und Andrea Maria Weber.

Was ist nur mit den Jungen und jungen Männern los? Es ist schließlich erwiesen, dass man mit einer besseren Ausbildung auch deutlich mehr Geld verdient. Dazu berechnen Bildungsökonomen die Bildungsrendite, einen prozentualen Wert, um den sich der Lohn oder das Gehalt mit jedem zusätzlichen Ausbildungsjahr erhöht. Um eine generelle Aussage dazu machen zu können, geht man von einem bestimmten Bildungssockel aus. Eine entsprechende Berechnung haben Ammermüller und Weber durchgeführt und dabei überraschend festgestellt, dass sich Bildung für Frauen auf jeder Bildungsebene mehr lohnt als für Männer.

Für Frauen mit einem Haupt- oder Realschulabschluss bedeutet jedes zusätzliche Jahr an Berufsbildung einen Gehaltsanstieg von rund sieben Prozent, für Männer sind es 5,33 Prozent. Noch besser sieht es für Abiturientinnen aus. Sie kassieren pro zusätzlichem Jahr Berufsbildung knapp über zehn Prozent mehr Gehalt, Abiturienten rund 8,3 Prozent. Und ein akademischer Abschluss erhöht den Lohn im Vergleich mit Nichtakademikern für Frauen um 14 Prozent und für Männer um 9,67 Prozent.

Besonders interessant an dieser Umfrage ist, dass die Lohnzuwächse, die durch ein zusätzliches Bildungsjahr erreicht werden, für Frauen und Männer in den Berufssparten am höchsten sind, in denen sie in der Mehrzahl sind. Wie sieht das in der Praxis aus? Männliche Studenten erzielen in den Fächern Jura, Ökonomie und Tiermedizin die höchsten Renditen auf ihre Bildung, bei den weiblichen Studentinnen wird das im Lehramt oder in der Zahnmedizin erreicht. Aber insgesamt verdienen Frauen auf dem deutschen Arbeitsmarkt weniger als Männer.

Männer steigen in der Regel mit einem höheren Anfangsgehalt ein, und vor allem in den unteren Lohnbereichen verdienen Frauen sehr schlecht, viel schlechter als ihre ebenfalls unterbezahlten männlichen Kollegen. Zu diesen am schlechtesten bezahlten Berufsgruppen zählen Verkäuferinnen und Friseurinnen. Die großen Unterschiede zwischen dem, was Frauen und Männer in akademischen Berufen verdienen, und dem, was Frauen und Männer in weniger qualifizierten Berufen verdienen, sind der fehlenden Bildung vieler Menschen geschuldet. Und diese Situation wird sich auch so schnell nicht ändern, denn eine Bildungsreform braucht mehrere Jahrzehnte, bis sie in der Gesellschaft und auf dem Arbeitsmarkt angekommen ist.

Der oft zitierte Satz, man lerne nicht für die Schule, sondern für das Leben, lenkt den Blick auf die Erträge, die mit Bildung im Lebenslauf verbunden sind. Was sind aber eigentlich die grundlegenden Ziele von Bildung? Was will ein gelehriger Schüler erreichen? Zuerst strebt er den Erwerb individueller Regulationsfähigkeit an. Was bedeutet das? Mit diesem Begriff wird das Vermögen des Einzelnen beschrieben, sein Verhalten und sein Verhältnis zur eigenen Umwelt, die eigene Biographie und das Leben in der Gemeinschaft selbständig zu gestalten. Weiter will jeder Einzelne durch Lernen seine Ressourcen ausreizen. Als drittes Ziel wird die erfolgreiche Förderung von gesellschaftlicher Teilhabe und von Chancengerechtigkeit angestrebt.

Aus individueller Sicht gilt das Interesse der Frage, wie sich unterschiedliche Bildungsabschlüsse auf den beruflichen Erfolg und damit auf das Einkommen oder das Arbeitslosigkeitsrisiko auswirken. Von entscheidender Rolle ist aber auch die Lebensqualität. Wichtig für uns Menschen ist ein spannender Job mit angemessenem Gehalt. Individuelle Bildungsanstrengungen lohnen sich also, vor allem gesellschaftlich. Nicht immer können sich jedoch die positiven Wirkungen von Bildung entfalten. Manchmal kann Bildung auch einen unerwünschten Nebeneffekt hervorrufen. Beispielsweise wenn man meint, man sei für einen Job überqualifiziert, oder wenn ein Arbeitgeber nicht bereit ist, für eine Topausbildung auch ein Topgehalt zu bezahlen. Eine Arbeitskraft hat immer nur so viel Wert, wie ein anderer bereit ist, dafür zu zahlen.

Problematischer sind allerdings die Auswirkungen, die mit Bildungsdefiziten einhergehen. Die führen gerade bei steigenden Qualifikationsanforderungen zu lebenslanger gesellschaftlicher Benachteiligung. Je besser die Ausbildung, desto größer ist auch die Chance, einen gut bezahlten Job zu finden. Das Risiko, arbeitslos zu werden, ist dann deutlich geringer als bei den nicht so gut ausgebildeten Kolleginnen und Kollegen. Der Anteil der Erwerbstätigen variiert mit dem beruflichen Bildungsabschluss. Personen ohne Abschluss sind deutlich seltener berufstätig als Akademikerinnen und Akademiker.

Ganz pauschal kann festgehalten werden: Im Durchschnitt verdienen besser ausgebildete mehr als weniger gut ausgebildete Arbeitskräfte. Dafür fangen sie auch erheblich später an zu arbeiten. Aber bereits nach wenigen Jahren haben die besser ausgebildeten Kräfte ihre Kolleginnen und Kollegen weit überholt. Es lohnt sich also, etwas für seine Bildung zu tun.

Martin – Morgen komme ich wieder

Jedes Jahr im Sommer veranstaltet die Arche in Berlin-Friedrichshain ein großes Kiezfest mit vielen Attraktionen für Kinder aus der näheren und weiteren Umgebung. Dadurch erreichen wir immer wieder neue Familien aus dem Bezirk. Beim letzten Sommerfest war erstmals auch Martin mit dabei. Er war ganz begeistert und schaute sich jeden Raum unserer Einrichtung an. «Morgen komme ich wieder», flüsterte er einer Mitarbeiterin ins Ohr. Dann hat es aber doch zwei Monate gedauert, bis er sich tatsächlich in die Arche traute. Eine Gruppe von Grundschülern, die regelmäßig unsere Einrichtung besuchen, brachte ihn mit, führte ihn aufgeregt noch einmal in der Arche herum und stellte ihm stolz die Mitarbeiter vor. Seitdem kommt der zehnjährige Junge so gut wie jeden Tag zu uns in die Arche.

Wir erlebten Martin anfangs zwar als fröhlichen Jungen, aber besonders selbstbewusst war er nicht. Bei jedem Konflikt, ganz gleich ob mit anderen Kindern oder einem Arche-Mitarbeiter, schloss er die Augen oder starrte auf den Boden. Tauchte ein Problem auf, rannte er davon. Bei den ersten Schwierigkeiten verschwand er sofort oder reagierte sehr verletzt und wütend. Woran das lag, konnten wir uns zunächst nicht erklären, da Martin nur wenig über sich erzählte. Für uns sah es aber so aus, als ob er sich für seine Familie schämen würde. Vielleicht war das auch der Grund, warum wir Martins Mutter erst später kennenlernten. Sie besuchte, einige Zeit nachdem Martin das erste Mal bei uns war, unser Elterncafé.

Zweimal im Monat laden wir die Eltern unserer Kinder in die Arche ein. Wir frühstücken gemeinsam mit ihnen und hören uns ihre Sorgen und Probleme an. Oft helfen wir auch ganz konkret, vor allem wenn die Eltern mit der Erziehung ihrer Kinder Probleme haben oder wenn die Schulden drücken und der Gerichtsvollzieher vor der Tür steht. Kürzlich erzählte uns eine Mutter von Zwillingen, man habe ihr den Strom abgedreht, und das mitten im Winter. Sie würden frieren, säßen im Dunkeln, und das bei Minusgraden. Wir kennen kaum eine Arche-Familie, deren Alltag nicht von Sorgen und Problemen geprägt wird.

Und so war es auch bei Martins Mutter. Sie weinte und erzählte uns, dass sie vor 15 Jahren aus Westafrika nach Deutschland gekommen sei und viele Familienmitglieder zurücklassen musste, was sie immer noch sehr mitnahm. Sie habe noch eine Tochter in Afrika, die sie sehr vermisse. In Deutschland habe sie dann sehr schwere Zeiten durchgemacht. Sie hat große Schwierigkeiten mit der deutschen Sprache, das haben auch mehrere Kurse nicht verbessern können, und das wird sich wohl auch nicht mehr ändern. Und dann wurde ausgerechnet am Tag von Martins Geburt ihr Mann, der illegal in Deutschland lebte, ausgewiesen. Plötzlich war sie ganz allein, ohne die Sprache zu sprechen und mit einem kleinen Baby in einem fremden Land. An so etwas sind wohl schon viel stärkere Menschen gescheitert.

Als Martin dann in die Grundschule kam, lernte er eine andere Kultur und ein ganz anderes Leben kennen als das,

das er bisher mit seiner Mutter zu Hause hatte. Erst in der ersten Klasse fing er an, Deutsch zu lernen, denn seine Mutter hatte ihm bisher nur ihre Muttersprache beibringen können. Dadurch, dass er sich mit seinen Mitschülern schlecht verständigen konnte, zeigte Martin manchmal ein Verhalten, das für seine Lehrer schwer einzuordnen war: Er «versteckte» sich unter dem Tisch oder wurde sehr schnell wütend.

In der zweiten Klasse wurden dann bei Martin eine Lese-Rechtschreib-Schwäche und Defizite im emotionalen und sozialen Bereich diagnostiziert. Später stellte sich heraus, dass diese Diagnosen falsch waren. Zu Hause bei seiner Mutter wurde kein Deutsch gesprochen, und so lernte er die neue Sprache nur sehr schleppend. Das war der Grund für seine Schwierigkeiten in der Schule. Außerdem setzte ihn seine Mutter oft unter Druck, wenn die Leistungen nicht stimmten. Sie erwartete zwar gute Noten, konnte ihn aber weder bei seinen Schulaufgaben unterstützen, noch hatte sie Freunde, die helfen konnten. Wenn es aber nach den Wünschen und Vorstellungen der Mutter geht, soll Martin einmal Arzt werden. Sie war ständig unzufrieden mit ihrem Jungen, und Martins Leistungen konnten nie gut genug sein. Auch seine Lehrer ließen ihn häufig spüren, dass er sich nicht ausreichend anstrengte. Alle meckerten also an Martin herum, aber keiner half ihm, keiner unterstützte ihn oder baute ihn auf. Das konnte sich ja nur negativ auf sein Selbstbewusstsein auswirken.

Als Martin uns das erste Mal in der Arche aufsuchte, war er fest davon überzeugt, dass er außer Sport nichts könne und auch niemals können werde. Wie oft hören wir von Kindern: «Ich bin nichts, ich kann nichts, und ich werde auch niemals was können!» Bei Martin bauten wir auf seinen guten Leistungen im Sport auf. Wir unterstützten ihn in seinen Begabungen und ermutigten ihn, regelmäßig zum Basketballtraining zu gehen. Durch Erfolge bei verschiedenen Turnieren und unseren Zuspruch fasste der Junge langsam wieder Mut und traute sich auch in anderen Bereichen mehr zu.

Da wir merkten, dass er noch Schwierigkeiten hatte, in einer Gruppe von mehreren Kindern Aufgaben zu lösen, richteten wir für ihn eine «Einzelzeit» ein, in der er seine Hausaufgaben – individuell betreut – erledigen konnte. Durch diese intensive gemeinsame Zeit fasste er schnell Vertrauen, was ihm half, die Unterstützung auch anzunehmen und bei Schwierigkeiten selbständig auf uns zuzukommen. In diesen Hausaufgabenzeiten blieb auch immer ein bisschen Raum, um Konfliktsituationen, die er mit Mitschülern, Freunden oder Lehrern erlebte, zu besprechen und Lösungsansätze dafür zu erarbeiten.

Da Martin schnell merkte, dass er bei uns für sein Fehlverhalten nicht bestraft wird, sondern dass seine Probleme gemeinsam einfühlsam aufgearbeitet werden, veränderte sich auch sein Sozialverhalten sehr zum Positiven. So hat er gelernt, entspannter mit Schwierigkeiten umzugehen. Mittlerweile kommt er bei Herausforderungen direkt auf uns zu und fragt um Rat oder Hilfe. Er hat viele gute Freunde in der Arche gefunden und ist allgemein unter den Kindern sehr beliebt und ein Vorbild für die jüngeren.

Auch mit seiner Identität und seiner Familie haben wir uns gemeinsam immer wieder auseinandergesetzt und ihm unsere Wertschätzung entgegengebracht. Das half ihm, sich immer mehr zu öffnen, und stärkte sein Selbstvertrauen. Auch hierbei ist er auf einem guten Weg, sich selbst anzunehmen und seinen familiären Hintergrund mit einem gewissen Stolz zu akzeptieren.

Martin hat in den letzten eineinhalb Jahren große Fortschritte vor allem im Deutschunterricht gemacht, und seine Leistungen liegen stabil im Durchschnitt. Auf die Frage, wie es so laufe in der Schule, meinte er einmal: «Ich bin heute drangekommen. Ich glaube, meine Lehrerin war ziemlich beeindruckt. Das hat sie nicht von mir erwartet.» Natürlich ist es schön für uns, so etwas zu hören, aber gleichzeitig fragen wir uns, warum die Lehrer nicht in der Lage sind, solche Leistungen aus Martin herauszulocken. Warum konnten ihn nicht die Lehrer aufbauen, fördern und motivieren? Wäre das nicht eigentlich ihre Aufgabe? Auch wenn wir Martin und allen anderen Kindern gerne helfen, bleiben diese Fragen bestehen, und Lehrer, Schulen und Politiker müssen sie sich früher oder später stellen.

Durch Nachhilfe und Zuspruch von unseren Mitarbeitern hat Martin neues Selbstvertrauen aufgebaut und von sich aus entdeckt, was alles in ihm steckt. Er freut sich auf die neue Klasse und sieht den zukünftigen Herausforderungen optimistisch entgegen. Wir sind stolz auf Martin und freuen uns darauf, noch viele Erfolge mit ihm zu feiern.

Auch Martins Mutter hat endlich begriffen, dass sie ihren Sohn nicht überfordern darf. Martin geht jetzt auf eine Sekundarschule mit Sportschwerpunkt. An dieser Schule kann er auch in einigen Jahren sein Abitur machen. Wir haben die Mutter davon überzeugt, dass ihr Junge ein leidenschaftlicher Sportler ist, dass es auch andere tolle Berufe gibt und dass er nicht unbedingt Arzt werden muss.

Martin will später als Sportlehrer arbeiten, daran lässt er keinen Zweifel. Die neue Schule begeistert ihn, seine neuen Lehrer fördern seine Stärken und suchen nicht verzweifelt nach seinen Schwächen. Martins Selbstbewusstsein hat das enorm gutgetan. Seine Mutter kann ihm bei den Hausaufgaben immer noch nicht helfen. Ihre schwachen Deutschkenntnisse haben sich kaum verbessert. So kommt der Junge weiterhin jeden Tag in die Arche und hier vor allem zum Nachhilfeunterricht. Seine Leistungen werden so von Tag zu Tag besser. Martin glaubt an sich, wir werden ihn weiter unterstützen und fördern und glauben daran, dass er seine Ziele auch erreicht.

Bildungsparadies Finnland

Bis zur ersten PISA-Studie hörte man kaum etwas aus dem Land hoch oben im Norden. Doch seit 2001 wissen alle, dass aus Finnland sehr erfolgreiche Schüler und ein besonderes Bildungssystem kommen. Seit 2001 steht Finnland nämlich regelmäßig auf den Top-Rängen der PISA-Studie und zeigt uns, wie gut seine 15-jährigen Schüler im Lesen, in Mathematik und den Naturwissenschaften sind. PISA hat Finnland ins Zentrum des Interesses gerückt. Jeder will wissen, was das Geheimnis dieses kleinen Landes ist, dass es in Sachen Bildung so erfolgreich ist. Auch deutsche Pädagogen pilgerten regelrecht nach Finnland, um nach Antworten auf diese Fragen zu suchen und vielleicht etwas Erfolg mit nach Deutschland zu bringen.

Zehn Jahre nach dem ersten PISA-Erfolg schneidet Finnland immer noch sehr gut ab. Die Ergebnisse mögen zwar geringfügig schlechter geworden sein, trotzdem sind die finnischen Schüler nach wie vor in der Spitzengruppe anzutreffen. Woher kommt dieser Erfolg? Wie sieht das finnische Bildungssystem genau aus? Was ist der Unterschied zu Deutschland? Um diese Fragen zu beantworten, haben wir zwar auch Bücher über das finnische Bildungssystem gewälzt und die vielen Zeitungsartikel gelesen, die seit den PISA-Erfolgen über Finnland geschrieben wurden. Wir haben aber vor allem mit Lehrern und Schülern aus Finnland gesprochen, denn wer könnte uns besser und ehrlicher von finnischen Schulen berichten als sie?

Das Gerüst des finnischen Bildungssystems ist schnell erklärt. Es beginnt früh, vor der Schule, denn schon im Kindergarten werden Kinder nicht nur betreut, sondern vor allem gebildet und gefördert. Dies geschieht durch Kindergartenlehrer, die ein Hochschulstudium absolviert haben und auf höchstem Niveau ausgebildet wurden. Mit 6 Jahren können finnische Kinder dann die Vorschule besuchen, die entweder im Gebäude des Kindergartens oder an der Grundschule angesiedelt ist. Obwohl dieses Angebot freiwillig ist, wird es doch von über 90 Prozent der Kinder im entsprechenden Alter genutzt. Außerdem ist die Kommune gesetzlich verpflichtet, jedem Kind einen Vorschulplatz zur Verfügung zu stellen.

Mit 7 Jahren beginnt für die Schüler die 9-jährige Grundschule, die sogenannte *peruskoulu* (sie ist nicht ganz vergleichbar mit der deutschen Grundschule, aber von der Übersetzung her trifft es dieses Wort am besten). Sie ist aufgeteilt in eine 6-jährige Unterstufe, die *ala-aste,* und eine darauffolgende 3-jährige Oberstufe, die *ylä-aste*. Wer dann die neunte Klasse erfolgreich gemeistert hat, hat einen Schulabschluss, der mit der mittleren Reife in Deutschland vergleichbar ist. Die Lehrer in Finnland bemühen sich bei jedem Schüler, diesen zum Schulabschluss zu führen, und das ist kein Werbeslogan von finnischen Schulen, das ist Realität. Auch «Problemschüler» werden so betreut und gefördert, dass sie letzten Endes einen Abschluss in der Hand haben. Keiner soll hier zurückgelassen werden.

Nach der 9-jährigen Grundschule ist die allgemeine Schulpflicht beendet. Danach gibt es die Möglichkeit, die 3-jährige gymnasiale Oberstufe, die zum Abitur führt, zu besuchen oder auf eine berufsbildende Schule zu wechseln. Anschließend hat man die Berechtigung für ein Studium an der Universität oder Fachhochschule. Hier endet dann das Gerüst des finnischen Bildungssystems, wobei in Finnland großer Wert auf lebenslanges Lernen gelegt wird, also Erwachsenenbildung, Fort- und Weiterbildungen, und auch das Lesen hat eine sehr große Bedeutung in Finnland.

Wenn eine Finnin schwanger ist, ist schon in diesem Stadium der Staat schützend, aber auch fordernd dabei. Das finnische *neuvola* (kann als «Beratungsstelle» übersetzt werden) bietet kostenlos Schwangerschafts-, Geburts-, Säuglings- und Kinderuntersuchungen an. Wenn eine schwangere Frau die Voruntersuchungen wahrnimmt, hat sie nach Geburt ihres Babys Anspruch auf das Elterngeld und auf ein «Startpaket» für das Baby. Dieses Paket beinhaltet fast alles, was ein Baby in den ersten Monaten braucht: Windeln, Erstlingskleidung, eine Flasche, Schnuller, ein provisorisches Bettchen, eine Decke und ein Ratgeberbuch für die Eltern. Nach der Entlassung aus der Geburtsklinik besucht eine «Gesundheitspflegerin» einige Male automatisch jede Familie. Neben der Überwachung von Gesundheit ist es Aufgabe und Ziel von *neuvola*, die gesamte Familie zu unterstützen, den jungen Eltern Hilfestellung zu geben und sie bei auftretenden Problemen zu beraten. Vor allem für junge Mütter und Alleinerziehende sind diese Hilfen sehr wertvoll.

Und so sorgt der Staat bei jedem Baby für einen guten Start ins Leben. Die dichten verpflichtenden Gesundheitsuntersuchungen der Kinder bis zum Schulalter ermöglichen außerdem, frühzeitig ungünstige Einflüsse und Umstände, die zu körperlichen und seelischen Störungen führen können, zu erkennen und durch gut Fachkräfte zu behandeln. Auch hier wird die gesamte Familie berücksichtigt und versucht, die Lebensumstände des Kindes so angenehm wie möglich zu gestalten. Vorbeugender Kinderschutz wird in Finnland großgeschrieben. Er hat die Aufgabe, die gesunde Entwicklung des Kindes zu gewährleisten und die Eltern in ihren Aufgaben zu unterstützen. In der Schule werden die Schüler jedes Jahr von einem Schularzt untersucht. Sollten bei den Untersuchungen irgendwelche Auffälligkeiten entdeckt werden, die auf Missstände hindeuten, müssen diese den zuständigen Stellen der Kommune gemeldet werden.

Weiter oben wurde schon erwähnt, dass Kinder eine gesetzliche Garantie auf einen Vorschulplatz haben. Die Kommune ist aber auch gesetzlich dazu verpflichtet, jedem Kind einen Betreuungsplatz zu bieten. Dies bedeutet, dass Eltern nach der möglichen Mutterschafts-, Vaterschafts- und Elternzeit eine gesetzliche Garantie darauf haben, dass sie ihr Kind in eine Kinderbetreuungseinrichtung geben können. Zudem bezahlen finnische Eltern höchstens 16 Prozent der Betreuungskosten. Der Rest wird vom Staat bzw. von den Kommunen finanziert. Dabei variiert der Beitrag je nach Einkommen der Eltern. Eltern mit geringem Einkommen bezahlen keine Beiträge. Alternativ können die Eltern auch ein Betreuungsgeld vom Staat erhalten, wenn sie ihr Kind zu Hause betreuen oder ihr Kind statt in eine staatliche lieber in eine private Einrichtung geben wollen. Dies gilt allerdings nur bis zum Alter von 3 Jahren. Spätestens dann müssen so gut wie alle finnischen Kinder in den Kindergarten gehen.

Dass die Kommunen Betreuungsplätze bereitstellen *müssen*, kommt sowohl den Kindern als auch den Eltern zugute. Kinder profitieren hier von der frühen Erziehung, Förderung und Sozialisation mit anderen Kindern. Die Eltern profitieren, weil sie guten Gewissens arbeiten gehen können. Vor allem alleinerziehende Mütter sind oft gezwungen, kurz nach der Geburt wieder in den Job zurückzukehren. Durch das gut ausgebaute Netz an Betreuungseinrichtungen für Kinder wird dies ermöglicht, und das auf einem qualitativ sehr hohen Niveau. Daher ist die Erwerbsquote von Müttern in Finnland schon immer besonders hoch gewesen. Die garantierte öffentliche Kinderbetreuung kommt auch Kindern aus sozial schwachen Familien und Kindern mit Migrationshintergrund zugute.

In der *peruskoulu* gehen die finnischen Besonderheiten weiter. Zunächst ist zu betonen, dass Bildung in Finnland während der Zeit der allgemeinen Schulpflicht, also in der *peruskoulu*, kostenlos ist. Damit ist nicht nur der Schulbesuch an sich gemeint, sondern dass den Kindern auch Bücher, Papier und Kopien gratis zur Verfügung gestellt werden. Hinzu kommen einmal im Jahr ein Bleistift, Radierer und ein Geodreieck für alle Schüler. Ist der Schulweg der Kinder weiter als 5 Kilometer, können sie umsonst mit dem Bus zur Schule fahren. Außerdem gibt es an allen finnischen Schulen ein warmes Mittagessen umsonst. Diese Tradition ist bereits in den 1940er Jahren eingeführt und bis heute beibehalten worden.

Die Kinder bekommen an den Schulen ausgewogene und gesunde Mahlzeiten und Wasser oder Milch zu trinken. Auch wir durften in Finnland ein Schulessen probieren. Es gab Fisch, Kartoffeln, Salat, ein Stück dunkles finnisches Roggenbrot und ein Glas Milch. Wir waren begeistert, doch ein Mädchen, das an unserem Tisch saß, meckerte: «Seit diesem Schuljahr müssen wir die Kartoffeln selber schälen, früher wurden sie uns geschält serviert. Und vorletzte Woche gab's zweimal

Nudelauflauf! Letztes Jahr gab's noch jeden Tag ein anderes Essen!» Und auch die Direktorin sagte beschwichtigend zu uns: «Das war heute wirklich nicht unser bestes Essen, aber ich hoffe, es hat trotzdem geschmeckt.» Als wir erzählten, dass ein kostenloses warmes Mittagessen an deutschen Schulen beinahe undenkbar ist, ernteten wir große Verwunderung. Das kostenlose Schulessen ist in Finnland so normal wie Schnee im Winter und Stechmücken im Sommer. Kein Schüler muss hier in Finnland mit knurrendem Magen in der Klasse sitzen, und das wirkt sich eindeutig auf das Wohlbefinden der Schüler aus und somit auch auf ihre Leistungen.

Auffällig am finnischen Schulsystem ist auch der hohe Grad an Inklusivität bei gleichzeitiger Differenzierung. Das hört sich hochtrabend und kompliziert an, gemeint ist jedoch schlicht und einfach, dass fast alle sieben- bis 16-jährigen Kinder in Finnland auf die *peruskoulu* gehen und so gut wie keines aus der «normalen» Schule ausgegrenzt wird. Während in Deutschland Förder-, Haupt-, Real-, Gesamtschule und Gymnasium nebeneinander existieren, geht in Finnland nur ein ganz geringer Anteil der schulpflichtigen Kinder nicht auf eine Regelschule. Die meisten gehen mit anderen Kindern auf die Grundschule und lernen dort, entwickeln sich und werden gefördert. Sie können sich normal fühlen, denn sie sind ja auf derselben Schule wie alle anderen auch. Das gibt verunsicherten Schülern ein besseres Gefühl.

Aber natürlich sind in Finnland nicht alle Schüler gleich, nur weil sie auf der gleichen Schule sind. In Finnland wurde der Tatsache, dass jedes Kind anders ist, Rechnung getragen. Jedes Kind hat einen anderen Hintergrund, der berücksichtigt werden muss, jedes Kind hat eine andere Lerngeschwindigkeit, auf die eingegangen werden muss, und jedes Kind hat einen anderen Charakter, der für ein erfolgreiches Lernen betrachtet werden muss.

In Finnland wird sehr auf die Bedürfnisse des einzelnen Schülers geachtet. Ist ein Kind behindert, in irgendeiner Art verhaltensauffällig oder hat es eine Lernschwäche, wird es in einer Sonderklasse innerhalb der normalen Schule unterrichtet. Die Lehrer dieser Klassen sind speziell ausgebildet, sodass sie auch auf die besonderen Bedürfnisse dieser Kinder eingehen können. In jeder Sonderklasse gibt es eine Art Hauptlehrer und einige Assistenzlehrer als Unterstützung. In der Regel sind zwischen fünf und zehn Schüler verschiedenen Alters in einer Sonderklasse, und jeder Schüler hat seinen ganz eigenen Lehrplan. Dieser wird an die jeweiligen Bedürfnisse und das jeweilige Lerntempo der Schüler angepasst. Ihnen wird aber die Möglichkeit gegeben, die *peruskoulu* in 11 Jahren zu absolvieren, und dann haben auch sie einen Abschluss. Hier haben wir wieder das finnische Motto: Keiner wird zurückgelassen. Zu den Aufgaben der Sonderlehrer gehört auch, ihre Schüler noch nach dem Abschluss zu begleiten und ihnen beim Weiterkommen zu helfen. Wenn ein Schüler der Sonderklasse auf die Berufsschule wechselt, sind auch dort die Möglichkeiten gegeben, dass er speziell gefördert wird.

In Finnland ist es durchaus vorgesehen, dass Förderschüler, wenn durch individuelle Förderung die Probleme in den Griff bekommen werden, wieder in eine ganz normale Klasse kommen. Hinken sie dann in irgendeinem Fach noch hinterher, können sie Förderstunden innerhalb der Schule bekommen. Das kann so aussehen, dass sie mittwochs noch eine Stunde länger in der Schule bleiben müssen und die Lehrerin mit dem Schüler gezielt die Probleme im jeweiligen Fach angeht. Dies gilt natürlich nicht nur für die Förderschüler, die wieder in die normale Klasse gewechselt sind, sondern für jeden anderen Schüler auch, bei dem gewisse Defizite in einem Fach bemerkt werden oder der zum Beispiel wegen Krankheit nicht am Unterricht teilnehmen konnte und deshalb hinterherhinkt. Daher gibt es in Finnland auch so gut wie keinen privaten Markt für Nachhilfe, denn Nachhilfe und Förderung kann und soll hier die Schule leisten.

Etwas Besonderes, das jetzt an einer einzigen finnischen Schule eingeführt wurde, die wir besucht haben, ist die sogenannte Beschäftigungsklasse. In dieser Klasse sind Schüler, denen das «schulische» Lernen nicht liegt, die nicht motiviert sind, die nicht einsehen, warum und wofür sie lernen sollten. Wenn Lehrer einen solchen «Typ» Schüler erkennen, kann er in diese Klasse gehen. Dort haben die Schüler beispielsweise die Möglichkeit, in den praktischen Unterrichtseinheiten in einen Betrieb zu gehen, der sie interessiert und den sie selber aussuchen können. Dies machen sie abwechselnd mit dem Schulunterricht. Dadurch bekommen sie Spaß am Lernen und werden motiviert, in der Schule mehr Einsatz zu zeigen. Ihnen wird eine Perspektive aufgezeigt. Das Konzept steckt noch in den Kinderschuhen, trotzdem zeigt es, wie in Finnland versucht wird, auf individuelle Bedürfnisse einzugehen.

Besondere Bedürfnisse haben auch Kinder von Einwanderern. Sie bekommen insoweit spezielle Förderung, als sie zunächst in eine Klasse kommen, in der sie nur Finnisch lernen. Und erst wenn ihre Sprachkenntnisse gut genug sind, werden sie in eine normale Klasse eingestuft. Wir lernten ein 12-jähriges Mädchen aus Kroatien kennen, das vor zwei Jahren mit ihrer Familie nach Finnland kam. Nach einem Jahr intensiven Finnischunterrichts konnte sie in die normale Klasse wechseln und zeigt nun gute Leistungen. Finnisch ist hier also Voraussetzung und Basis, aber auch die Muttersprache der Kinder wird durch Einzelunterricht gefördert. Denn sie sollen nicht dadurch, dass sie in ein anderes Land gezogen sind, ihre Wurzeln vergessen. Mehrsprachigkeit kann immer nur als Segen angesehen werden, vor allem in unserer globalisierten Zeit.

Auch gibt es in Finnland das «Sitzenbleiben» viel seltener als in Deutschland. Bevor in Finnland ein Schüler sitzenbleibt, wird er zunächst speziell gefördert und bekommt schulintern Nachhilfe. Es wird viel mit den Eltern kommuniziert, unter den Lehrern wird diskutiert, wo die Probleme liegen könnten, und auch der Schulpsychologe kann zurate gezogen werden. Erst wenn das Wiederholen der Klasse als wirklich beste Lösung angesehen wird, bleibt ein Schüler sitzen. Generell wird an finnischen Schulen sehr viel Wert auf die Kommunikation mit den Eltern gelegt. Finnische Schulen arbeiten mit einem Computersystem, durch das Eltern mit den Lehrern kommunizieren können oder umgekehrt, in dem die Eltern aber auch direkt sehen können, wenn ihr Kind zum Beispiel nicht in der Schule war oder die Hausaufgaben nicht gemacht hatte. Sollte allerdings bei schwerwiegenden Problemen Kommunikation allein nicht ausreichen, sind Lehrer verpflichtet, die zuständigen kommunalen Stellen zu informieren.

Wenn Lehrer zum Beispiel bemerken, dass ein Kind familiäre Probleme hat oder dass es zu Hause sogar Gewalt erfährt, müssen sie dies der Kommune melden. Wir haben mehrere finnische Lehrerinnen gefragt, ob sie es für möglich halten, dass ein Schüler die Schule verlässt und nicht richtig lesen und schreiben kann. «Nein, also eigentlich nicht», lautete jedes Mal die Antwort. Es würde ganz einfach auffallen, und das wahrscheinlich schon sehr früh. Sowohl in der Unterstufe der Grundschule als auch in der Oberstufe und in der gymnasialen

Stufe werden die Schüler auf Legasthenie getestet. Sollten sie eine Lese-Rechtschreib-Schwäche haben, haben sie einerseits bei Tests und Klassenarbeiten mehr Zeit, werden andererseits aber auch speziell gefördert, um diese Schwäche zu überwinden. Natürlich kann es sein, dass Schüler aus der Sonderklasse auch nach elf Jahren *peruskoulu* nicht sehr flüssig lesen können und ihnen das Schreiben noch schwerfällt. Dann ist diese Schwäche aber bekannt, und es wird auch nach der *peruskoulu* noch versucht, das Kind weiter zu fördern.

Vielleicht liegt es aber auch an der finnischen Mentalität und Tradition, dass es so wenige Analphabeten gibt. Es wird nämlich als eines der höchsten Güter angesehen, sich in der eigenen Sprache ausdrücken zu können, was bestimmt auch damit zu tun hat, dass die finnische Unabhängigkeit noch keine 100 Jahre alt ist. Die finnische Sprache, Bildung, Bücher, das Lesen und Schreiben sind kulturell und gesellschaftlich von höchstem Stellenwert. Das sieht man auch daran, dass es in allen finnischen Gemeinden moderne und bestens ausgestattete Büchereien gibt und für abgelegenere Dörfer Büchereibusse.

Auch Schulen verfügen über die modernsten Materialien und Arbeitsgeräte. Es gibt Computer- und Medienräume mit neuen Computern, die Oberstufe, die wir uns angesehen haben, hatte sogar Apple-Computer. Es gibt Sprachlabore mit Computern und Kopfhörern. Und dann bekamen wir noch ganz besondere Räume zu Gesicht: einen Küchenraum mit ungefähr zehn Kochstellen, in dem Haushaltslehre unterrichtet und wo Kindern gesundes und abwechslungsreiches Kochen beigebracht wird. Dann wurden wir in den Handarbeitsraum geführt mit Nähmaschinen, Webstühlen und Ähnlichem. Eine Werkstatt mit Arbeitsbänken, Werkzeug und Sägen gab es auch. Natürlich kommt es bei der Ausstattung der Schulen immer auf die Finanzen der Kommune an, dennoch wird hier deutlich, wie vielseitig der finnische Unterricht sein kann. Den Schülern wird nicht nur trockene Theorie beigebracht, sondern ganz alltägliche, aber trotzdem wichtige Dinge wie Nähen oder eine Suppe kochen.

In der siebten oder alternativ achten Klasse steht auch eine Art Gesundheitsunterricht auf dem Lehrplan und ein Beratungsunterricht. Im Gesundheitsunterricht wird unter anderem auf gesunde Ernährung und richtige Bewegung eingegangen. Der Beratungsunterricht ist ein verpflichtendes Fach innerhalb eines Schuljahres, in dem die Kinder darüber sprechen, was ihre Ziele für die Zukunft sind und wie sie diese am besten erreichen können. Hier lernen sie auch, wie man einen Lebenslauf schreibt oder was sie in einem Bewerbungsgespräch erwartet.

Aber auch sonst steht einem finnischen Schüler ein umfassendes Beratungsteam zur Verfügung. In der Regel gibt es an einer Schule einen Psychologen, einen Sozialarbeiter, eine Krankenschwester und einen Berufsberater. Diese können auch zusammen mit den Lehrern Besprechungen einberufen und gegebenenfalls über Probleme von einzelnen Schülern sprechen und sich beraten. Den Schülern steht ein so umfassendes Angebot zur Verfügung, dass man als Außenstehender einfach nur staunen kann. Und im gleichen Moment wird einem klar, warum Finnland immer wieder in der PISA-Spitzengruppe anzutreffen ist. In einer solchen Schule kann man sich fast nur wohlfühlen, und das wirkt sich auf die Ergebnisse der Schüler aus. Und wenn man sich doch nicht so wohlfühlt, aus welchen Gründen auch immer, ist trotzdem für einen gesorgt. Hier wird keiner zurückgelassen, und dieser Grundsatz ist allgegenwärtig in Finnland. Trotzdem darf man nicht vergessen, wer den Bärenanteil trägt, um diesem Grundsatz treu zu bleiben.

Die finnischen Lehrer haben die beste Ausbildung genossen, und zu dieser werden auch nur die besten zugelassen. Dafür genießen sie in der Gesellschaft höchstes Ansehen, und obwohl sie, verglichen mit ihren deutschen Kollegen, nicht besonders viel verdienen, geben sie jeden Tag alles für ihre Schüler. Dabei sind sie nicht nur Lehrer, sondern müssen viel mehr leisten, als «nur» den Stoff zu vermitteln.

Doch auch in Finnland wird immer mehr gespart, und den Lehrerinnen und Lehrern steht immer weniger Geld aus dem Haushaltstopf des kleinen Landes zur Verfügung. Bröckelt also die Fassade des Bildungsparadieses Finnland? Die Mehrheit der Politiker will auch weiterhin alles für die Kinder tun. Außerdem sagt ein finnischer Leitgedanke bei der Verteilung der finanziellen Mittel: «Den Kleinen das größte Geld.» Diesen Grundgedanken und die Säulen der finnischen Bildung wird hoffentlich nie jemand zum Einsturz bringen. Es scheint einen stillen Konsens über die Basis der finnischen Bildung zu geben, und auf diese Basis und den gesellschaftlichen Konsens kann ganz Finnland sehr stolz sein.

Pekka, ein Problemkind in Finnland

Auch in einem Bildungsparadies wie Finnland gibt es problematische Familienverhältnisse. Und auch hier hängen diese mit Schulproblemen zusammen. In Finnland scheint es aber so zu sein, dass sich Lehrer und Erzieher verantwortlich fühlen für ihre Kids, Probleme früh erkannt werden und dann auch gehandelt wird. Es wird versucht, sich um jedes Kind zu bemühen und die Probleme, so gut es geht, zu lösen.

Dass sich die Bemühungen lohnen, sieht man an Pekka. Der Junge aus einer finnischen Kleinstadt ist in komplizierten Familienverhältnissen aufgewachsen. Seine Eltern trennten sich, als er noch klein war. Seitdem wohnt er mit seiner Mutter in einer kleinen Wohnung. Sein Vater hat schon seit langem ein Alkoholproblem und zeigt nicht besonders viel Interesse an ihm.

Die Mutter hat eine ältere Tochter aus einer früheren Beziehung, die beiden hatten allerdings so viele Probleme miteinander, dass die Tochter im Alter von 16 Jahren ausgezogen ist. Die Kommune hat ihr eine Wohnung finanziert, weil auch sie der Meinung war, dass räumlicher Abstand zwischen Mutter und Tochter das Beste sei. Die Tochter ist etwas auf die schiefe Bahn geraten, nahm Drogen aller Art, hat aber noch mal die Kurve bekommen. Dies lastet dennoch immer noch schwer auf der Mutter. Da sie außerdem arbeiten und sich nebenbei um die Großeltern kümmern musste, blieb nicht viel Zeit und Aufmerksamkeit für Pekka. Der Junge hat daher oft Ablehnung gespürt. Auch wenn ein Kind keine physische Gewalt erfährt, kann Zurückweisung verletzen. Seinen Vater hat Pekka jedes zweite Wochenende gesehen, allerdings hat dieser nie etwas mit ihm unternommen, sodass er sich da auch fehl am Platze fühlte.

Pekka ist daher immer froh, wenn man ihm Zeit und Aufmerksamkeit widmet. Dann blüht er richtig auf. Aber wenn man ihn links liegenlässt oder ganz einfach keine Zeit für ihn hat, wird er laut, aggressiv und schlägt um sich. Fremden gegenüber ist er sehr verschlossen.

Das alles hat es Pekka in der Schule nicht leichtgemacht. Als er in die erste Klasse kam, war den Lehrern schnell klar, dass Pekka besondere Förderung braucht. Er war noch nicht so weit wie die anderen Schüler, konnte sich nicht lange auf Aufgaben konzentrieren oder ruhig sitzen und wurde schnell aggressiv, manchmal sogar, wenn ihn jemand nur komisch anguckte. Deshalb kam er in die Sonderklasse. Zunächst verbesserte sich dadurch nicht viel, im Gegenteil. Er schien noch wilder und unberechenbarer zu werden. Er wollte nicht in diese Sonderklasse, er wollte einfach nur die Aufmerksamkeit und Liebe seiner Mutter. Er wollte Anerkennung und Wertschätzung spüren. Denn dumm ist Pekka sicher nicht, er ist nur anders.

Bei Pekka zeigte sich dann auch nach einiger Zeit, dass die Sonderklasse doch das Richtige für ihn war. Seine Klassenlehrerin hatte zum Glück erkannt, dass mehr in ihm steckt als nur ein lautes, unruhiges Kind. Sie arbeitete einen Lehrplan für ihn aus, der relativ nah an dem der normalen Klasse war.

Allerdings konnte Pekka öfters Pausen einlegen, und eine der Assistenzlehrerinnen kümmerte sich während des Unterrichts intensiv um ihn. Es wurde auf seine Bedürfnisse eingegangen.

In diesen ersten Jahren auf der *peruskoulu* wurde auch viel mit der Mutter gesprochen, denn Pekkas schulische Probleme hatten ihre Ursachen eindeutig in den familiären Schwierigkeiten. Die Mutter konnte nie ein wirklich herzliches Verhältnis zu ihrem Sohn aufbauen. Es wurde auch versucht, mit dem Vater zu reden, um das Verhältnis von Vater und Sohn zu verbessern. Leider vergeblich. Aber mit Hilfe und Beratung der Sozialarbeiterin, des Schulpsychologen und der Klassenlehrerin brachte die Mutter ein bisschen mehr Kontinuität in das Leben ihrer Familie und lernte, sich Zeit für ihren Sohn zu nehmen.

Pekka hat es letztes Jahr sogar geschafft, wieder in die normale Klasse zu wechseln. Zusätzlich muss er aber einmal die Woche in die nächstgrößere Stadt fahren, um dort zu einer Therapiestunde zu gehen. Dort wird ihm geholfen, mit seiner Unruhe und Unkonzentriertheit besser umzugehen. Diese Therapie und auch die Fahrt dorthin werden von der Kommune finanziert. Ab und zu sollen ihn die Eltern begleiten, damit wirklich die ganze Familie ihre Probleme in den Griff bekommt. Leider will sich Pekkas Vater immer noch nicht um seinen Sohn kümmern und ist bis heute bei keiner Therapiestunde dabei gewesen.

Da Pekka wohl auch in Zukunft nicht erwarten kann, dass sein Vater sich in dieser Hinsicht ändert, Pekka auch gar nicht mehr zu ihm gehen will, wurde ihm von der zuständigen kommunalen Stelle angeboten, statt zu seinem Vater an ein oder zwei Wochenenden pro Monat zu einer Art Patenfamilie zu gehen. Zum einen wäre das entlastend für die Mutter, zum anderen würde es Pekka vielleicht guttun, einmal rauszukommen und etwas anderes zu erleben und durch den Pflegevater auch ein männliches Vorbild zu haben.

Nächstes Jahr kommt Pekka in die Oberstufe. Er wird in der Pubertät sein und schwierige Phasen durchmachen. Er hat dann an der Schule keinen festen Klassenlehrer mehr, denn mit der siebten Klasse beginnt das Kurssystem. Es werden viele neue Eindrücke und Entscheidungen auf ihn zukommen. Das wird auch für seine Mutter eine anstrengende Zeit werden. Aber die beiden haben es mit viel Hilfe von außen schon mal geschafft, Pekkas Probleme in den Griff zu bekommen. Und in der Oberstufe erwartet Pekka ein so vielfältiges Angebot, dass er seinen Interessen nachgehen kann. Er wird auch weiterhin unterstützt werden und so hoffentlich seinen Weg gehen können.

Pekka ist nicht dumm, er hatte nur Schwierigkeiten in seinem bisherigen Leben und seiner Familie, aber durch die individuelle Förderung in der Schule hat er diese überwinden können. Dank der Unterstützung der kommunalen Stellen wurde er in seiner Familie nicht im Stich gelassen. Wer weiß, was in Zukunft mal aus ihm wird? Alleingelassen wird er sicher nicht.

«Es bleibt viel zu tun.»
Interview mit dem finnischen Bildungsminister Jukka Gustafsson

Im Juni 2011 haben sich in Finnland sechs verschiedene Parteien auf eine Koalitionsregierung geeinigt. Der Sozialdemokrat Jukka Gustafsson ist seitdem Minister für Bildung und Wissenschaft in Finnland.

Das finnische Bildungssystem scheint in der Welt sehr speziell und einzigartig zu sein. Wo liegt das Geheimnis? Was macht Finnland anders als andere Länder?

Bildung wird von der finnischen Gesellschaft schon lange hoch geschätzt. Seit dem frühen 19. Jahrhundert sind Volksbildung und die Bereicherung des Volkes durch Bildung essenzielle Bestandteile der Aufgabe, eine nationale Identität zu bilden. Im 20. Jahrhundert wurde diese positive Einstellung gegenüber Bildung dann auch weithin von den politischen Bewegungen geteilt. Nach dem Zweiten Weltkrieg und besonders in den 1970er Jahren wurde Bildung als Mittel zum sozialen Aufstieg durch den schnell wachsenden Wohlfahrtsstaat mit seinen Grundschulen und den regional expandierenden höheren Schulen für die Menschen in Reichweite gebracht, die bisher keinen Zugang zu ihr hatten. Bildung sichert einen guten Berufseinstieg, eine stetig voranschreitende Karriere und gute wirtschaftliche Erträge, vor allem höhere Bildung. Deshalb hat Bildung ihren Stellenwert in der ganzen Nation halten können.

Gleichzeitig ist Bildungspolitik schon immer damit verbunden gewesen, die soziale Gerechtigkeit in der Gesellschaft zu fördern. Gleicher Zugang zu Bildung wird von vielen politischen Parteien als sehr wichtig angesehen, und so ist die Politik darauf ausgerichtet, diesen auf alle Bevölkerungsgruppen auszuweiten. Diese Betonung der Gerechtigkeit scheint sich auf allen Ebenen der Bildung ausgezahlt zu haben, besonders in der Grundschulbildung.

Sind Sie glücklich mit dem finnischen Bildungssystem, oder würden Sie gerne etwas ändern?

Es bleibt viel zu tun. Trotz unseres relativen Erfolges gibt es immer noch zu viele Jugendliche, die die Schule ohne Abschluss verlassen. Lernergebnisse und Zugang zu höherer Bildung, besonders an den Universitäten, sind immer noch stark mit dem sozioökonomischen Hintergrund verbunden. Die Unterschiede in den Lernergebnissen zwischen verschiedenen Schulen weiten sich, und wir müssen bewusst Maßnahmen ergreifen, um unsere bisherigen Errungenschaften zu schützen und zu verbessern.

Wir besuchten zwei Schulen in Lammi und waren sehr beeindruckt. Allerdings schien den Lehrern gar nicht bewusst zu sein, dass sie, verglichen mit anderen Ländern, ein sehr gutes System haben. Sind Finnen so bescheiden, oder wissen sie tatsächlich nicht, wie viel Glück sie eigentlich haben? Oder denken sie, dass man immer noch etwas besser machen könnte?

Ein bisschen von allem, denke ich. Man muss aber daran erinnern, dass wir vor den PISA-Erfolgen eine breite Diskussion geführt hatten, in der viele der Meinung waren, die Reformen aus den 70er Jahren seien ein Misserfolg gewesen und Standards seien erheblich gesunken. In diesem Sinne sind wir wohl manchmal nicht in der Lage, unsere Errungenschaften wahrzunehmen.

Wir haben außerdem noch ziemlich viel zu tun, bevor wir überhaupt die Ziele erreichen, die wir uns in den 70er Jahren gesetzt haben. Das wichtigste Ziel der Reformen war es, Gerechtigkeit und Chancengleichheit in der Bildung voranzutreiben. In dieser Hinsicht haben wir schon ziemlich viel erreicht, aber wir sind nach wie vor weit von dem entfernt, was wir uns vorgenommen haben. Noch beunruhigender ist, dass wir uns in mancherlei Hinsicht weiter von unseren Zielen entfernt haben. Wir werden also unsere Anstrengungen verdoppeln müssen, um sie doch erreichen zu können.

Wie viel Geld hat Finnland im letzten Jahr für Bildung ausgegeben?

Das letzte Jahr, für das wir offizielle Statistiken haben, ist 2009. In diesem Jahr wurden 11,1 Milliarden Euro für Bildung ausgegeben. Dies entspricht 6,5 Prozent des BIP. Fast 4 Milliarden Euro wurden dabei für Grundschulen ausgegeben.

Ist es richtig, dass es in den letzten Jahren Einschnitte in den Bildungsausgaben gab? Wenn ja, warum waren diese Einschnitte nötig, und wird es in den kommenden Jahren noch weitere Einschnitte geben?

Nein, das ist nicht richtig. Die Ausgaben haben auf allen Ebenen der Bildung zugenommen. Die aktuelle Regierung ist aber gezwungen, einige Einschnitte in ihren Bildungsausgaben zu machen, etwa 300 Millionen Euro, aber diese Einschnitte werden zum größten Teil durch die Kompensation der steigenden Kosten ausgeglichen. Weitere Entscheidungen zu den öffentlichen Ausgaben sind noch nicht getroffen, und es ist zu früh, um sagen zu können, ob es noch weitere Einschnitte in den Bildungsausgaben geben wird.

Ist es für einen Staat nicht günstiger, jetzt in gute Bildung zu investieren statt später in Sozialausgaben, Programme, um Menschen wieder in Arbeit zu bringen, oder Gesundheitsausgaben, die ungebildete oder schlecht ausgebildete Menschen vermutlich brauchen werden?

Das ist eine gängige Ansicht im Feld der Bildung und Bildungsökonomie, und auch ich bin davon überzeugt. Nun gilt es, so viele andere Menschen wie möglich davon zu überzeugen.

Sie sind Sozialdemokrat. Gibt es in Finnland einen großen Unterschied zwischen der Bildungspolitik der SDP und der von anderen Parteien, oder gibt es einen Konsens darüber, wie gute Bildung in Finnland erreicht werden kann?

Es gibt verschiedene Schwerpunkte in der Bildungspolitik, aber keine Partei würde das aktuelle System über Bord werfen.

Die Basis des jetzigen Bildungssystems wurde großteils in den 1960er und 70er Jahren aufgebaut, als die SDP und die Agrarpartei an eigentlich allen Regierungen beteiligt waren. Für die SDP war es von entscheidender Bedeutung, dass das Bildungssystem auf all seinen Ebenen offen ist für alle Kinder aus jeglicher sozialer Schicht. Die Agrarpartei betonte die Bedeutung eines regional verfügbaren, umfassenden Bildungssystems. Diese Kombination führte zu einem regional ausgewogenen Universitätssystem sowie zum Erfolg der Grundschulen, der wiederholt durch PISA bestätigt wird.

Die SDP hat traditionell Gleichberechtigung und Chancengleichheit mehr betont als die meisten anderen Parteien, aber das aktuelle Regierungsprogramm zeigt zum Beispiel, dass Gleichberechtigung und Chancengleichheit in der Bildung sogar in einer so breit gestützten Regierung, wie wir sie momentan haben, ein gemeinsames Ziel sein kann. Natürlich gibt es nur einen partiellen Konsens, aber zum größten Teil wird die Bedeutung der sozialen Gerechtigkeit und Chancengleichheit als zentrales Element der finnischen Bildung doch breit getragen.

Müssen Eltern in Finnland für die Bildung ihrer Kinder bezahlen, oder ist sie kostenlos?

Bildung ist mehrheitlich kostenlos. Es gibt manche Grenzfälle, wie Materialkosten, vor allem in den höheren Schulen, aber großteils ist Bildung kostenlos.

In den zwei Schulen in Lammi haben wir gesehen, dass die Schüler Mittagessen umsonst bekommen. Ist das in allen Schulen in Finnland so? Denken Sie, dass es wichtig ist, in der Schule umsonst essen zu können? Wenn ja, warum?

Kostenlose Schulessen sind ein wichtiger Teil der finnischen Schulen. Sie stellen nahrhaftes und gesundes Essen für alle bereit, sodass kein Schüler mit dem Stigma behaftet werden kann, sich kein Essen leisten zu können. Auf diese Weise versucht unser System, eine gleiche Basis bereitzustellen und ein Gleichheitsgefühl zu fördern.

Stimmt es, dass es in Finnland ein garantiertes Recht für Kinder auf öffentliche Nachmittagsbetreuung gibt? Und ist dieses Recht auch in den ländlichen Gegenden Realität, oder kann dieses Recht nur in größeren Städten realisiert werden, die mehr Geld und mehr Möglichkeiten haben?

Es ist Realität, obwohl es gelegentlich Verspätungen im Zugangsverfahren gibt. Im Großen und Ganzen aber kann die Garantie in allen Regionen des Landes gegeben werden.

Und Finnland hat auch eine Vorschule für die 6-Jährigen, die ebenfalls per Gesetz garantiert ist?

Ja. Und ungefähr 97 Prozent der 6-Jährigen nutzen dieses Angebot. Im Moment sind wir aber über die 3 Prozent besorgt, die nicht in die Vorschule gehen. Diese scheinen aus den schwächsten und gefährdetsten Gesellschaftsgruppen zu kommen, die die Vorschule am meisten bräuchten. Um das Problem anzugehen, werden wir prüfen, ob es notwendig ist, die Vorschule obligatorisch zu machen, um wirklich alle Kinder in diesem Alter anzusprechen.

Wie wichtig ist Ihrer Meinung nach eine frühe Bildung für Kinder?

Sehr wichtig. Sie ist der wichtigste Faktor, um die Effekte des sozioökonomischen Hintergrundes auf die Leistung und die Chancengleichheit im Leben zu reduzieren.

Finnland hat eine sehr geringe Analphabetenrate. In Deutschland dagegen gibt es sehr viele funktionale Analphabeten, besonders unter Jugendlichen. Was macht Finnland anders?

Wir haben natürlich weniger Einwanderer als Deutschland und eine Sprache, die ziemlich genau so geschrieben wird, wie sie gesprochen wird. In unserem Fernsehen werden außerdem nur Programme für kleine Kinder synchronisiert, alle anderen haben finnische Untertitel. Wir haben auch lebhafte und anschauliche Zeitungen, die gut zu verstehen sind und viel gelesen werden, kostenlose Bibliotheken und Schulen, an denen Lesen und funktionale Alphabetisierung stark betont werden.

Gibt es in Finnland eine Verbindung zwischen «arm sein» und «nicht gut in der Schule sein»? Ist also der sozioökonomische Status der Eltern wichtig für die schulischen Leistungen der Kinder?

Unglücklicherweise ist dies der Fall. Im internationalen Vergleich schneiden wir zwar ziemlich gut ab, aber das liegt mehr an der Tatsache, dass man anderswo noch weiter davon entfernt ist, und nicht unbedingt daran, dass wir in Finnland volle Chancengleichheit erreicht haben. Die beunruhigende Entwicklung in den letzten zehn Jahren zeigt einen beträchtlichen Anstieg der Unterschiede zwischen den einzelnen Schulen bezüglich der Lernergebnisse. In der Lese- und Schreibfähigkeit haben die Kinder der besten Schulen ihre Altersgenossen in den am wenigsten erfolgreichen Schulen schon um zweieinhalb Schuljahre hinter sich gelassen. Auch wenn die Unterschiede kleiner sind als in anderen PISA-Ländern, sind sie immer noch nicht tolerierbar hoch.

Wir gehen dieses Thema mit neuer Energie an und werden im Laufe des Jahres ein Programm initiieren, das darauf ausgerichtet ist, die Gleichberechtigung im Zugang und in der Teilnahme an Bildung sowie in den Lernergebnissen auf allen Bildungsebenen bis zum Ende des Jahrzehnts zu verbessern. Wir haben viel erreicht, doch wenn wir uns unsere Errungenschaften anschauen, verspüren wir den Wunsch, noch mehr zu leisten und dieses Thema neu anzugehen.

Wir haben von den Lehrern in Lammi gehört, dass sie versuchen, dass jeder Schüler die peruskoulu *beenden kann und so keiner zurückgelassen wird, auch nicht die Schüler der Förderklassen. Wir wunderten uns aber, was wohl nach der* peruskoulu *aus den Förderschülern wird, denn diese werden wohl nicht alle auf die höheren Schulen gehen können. Gibt es spezielle Programme oder Hilfen, nachdem sie die* peruskoulu *beendet haben, sodass sie vielleicht sogar Arbeit finden?*

Wir haben immer noch das Problem, dass zu viele Schüler nach der Grundschule aus dem Bildungssystem herausfallen. Die Gruppe mit dem größten Risiko sind die Schüler mit Lernschwächen oder anderen speziellen Bedürfnissen, obwohl wir Programme haben, die darauf abzielen, ihnen weitere Unterstützung zu geben, um auf einer höheren Schule weiterzumachen.

Wie hoch ist die Rate der Schüler mit Migrationshintergrund in Finnland?

Ungefähr 3,5 Prozent unserer Schüler, also etwa 20 000, lernen Finnisch als Zweitsprache an den Schulen. Diese Zahl kann als Schätzung für die Anzahl der Schüler mit Migrationshintergrund herangezogen werden.

Verloren im Labyrinth unserer Schulen

Die meisten Schülerinnen und Schüler streben heute höhere Bildungsabschlüsse an oder besuchen berufsbildende Maßnahmen, wenn sie auf dem ersten Bildungsweg keinen Abschluss geschafft haben. Ihre Chancen auf eine Berufsausbildung verbessert das aber nicht immer. Dabei ist vor allem die mittlere Reife wichtig, denn mit einem Hauptschulabschluss kommt man heute nicht weit.

Ein Fünftel der Jugendlichen schafft den mittleren Abschluss schließlich auf einer beruflichen Schule. Warum setzen sich unsere Kinder nach der Schule noch einmal auf ihren Hosenboden und lernen? Viele der jungen Menschen wollen sich damit für den Arbeitsmarkt besser qualifizieren, für andere ist der Besuch einer weiterführenden Schule nur eine Notlösung, weil sie keinen Ausbildungsplatz gefunden haben. Das verrät der Bildungsbericht 2010. Weiter macht dieser Bildungsbericht deutlich, dass mehr als drei Viertel der Jugendlichen ohne Hauptschulabschluss und die Hälfte der Jugendlichen mit Hauptschulabschluss nach ihrem Schulbesuch erst einmal Qualifizierungsangebote innerhalb des sogenannten Übergangssystems nutzen.

Doch führen die berufsvorbereitenden Lernangebote, die unsere Jugendlichen so zahlreich wahrnehmen, auch zu einem erfolgreichen Einstieg in die berufliche Laufbahn? Das Deutsche Jugendinstitut hat in einer bundesweiten Untersuchung, aus der wir hier Ergebnisse zitieren, die unterschiedlichen Wege von Hauptschülerinnen und Hauptschülern nach ihrem Schulende verfolgt. Immerhin: «Etlichen jungen Menschen hilft der manchmal undurchschaubare Dschungel an Übergangsmaßnahmen durchaus auf der Suche nach einem Ausbildungsplatz. Knapp ein Fünftel der Jugendlichen beginnt meist schon nach einem berufsvorbereiteten Jahr mit einer Ausbildung. Ein weiteres Fünftel schafft diesen Einstieg nach dem Erwerb eines mittleren Abschlusses auf einer allgemeinbildenden Schule oder an einer beruflichen Schule.

Dennoch scheitert der Rest, immerhin mehr als die Hälfte dieser Hauptschülerinnen und Hauptschüler, trotz aller Zusatzqualifikationen. Jeder vierte der befragten Jugendlichen hatte auch vier Jahre nach dem Ende der Pflichtschulzeit immer noch keinen Ausbildungsplatz. Vor dem Hintergrund des demographischen Wandels und der steigenden Ansprüche in der Berufswelt ist dieses Scheitern vieler Jugendlicher sehr brisant.»

Weiter heißt es in dem Bildungsbericht: «Für Menschen ohne Ausbildung gibt es heute am Arbeitsmarkt nichts mehr zu gewinnen. Vor allem, weil der seit längerem zu beobachtende Abbau an Arbeitsplätzen, die von schlecht qualifizierten Menschen ausgefüllt werden können, sich allen Prognosen nach weiter fortsetzen wird. Hinzu kommt, dass selbst die wenigen verbleibenden Hilfsarbeiten zunehmend von normal qualifizierten Arbeitnehmern verrichtet werden. Fachkräfte fehlen dagegen in Deutschland. Immer mehr Unternehmen klagen, dass sie keine Bewerberinnen und Bewerber mehr finden, um offene Stellen zu besetzen.» Zudem brechen 20 Prozent aller jungen Menschen jährlich ihre Ausbildung ab.

«Nach dieser Untersuchung sank die Zahl der abgeschlossenen Ausbildungsverträge 2009 im Vergleich zum Vorjahr um 8,2 Prozent auf 566 000. Daher gibt es auch ein deutliches Missverhältnis zwischen Angebot und Nachfrage. Etwa 80 000 junge Menschen suchen Jahr für Jahr vergebens nach einer Lehrstelle.» Wie kann das sein, wenn die Wirtschaft dagegen sagt, viele Ausbildungsplätze könnten nicht besetzt werden?

Es gibt natürlich Berufe, die in Deutschland nicht mehr so beliebt sind. Dazu gehören Ausbildungsplätze im Straßenbau und in anderen nicht intellektuellen Berufen, in denen harte körperliche Arbeit verlangt wird. Das wollen sich zahlreiche junge Leute nicht mehr antun. Vor allem diese Jugendlichen brauchen außerfamiliäre Hilfe, da sie sich ihre Zukunft verbauen, ohne es zu merken. Sie reagieren dann viel zu spät, denn Menschen über 25 fühlen sich oft zu alt für den Stress einer schlecht bezahlten Ausbildung. Dieses Verhalten bedeutet fast immer, dass die Jugendlichen auf Transferleistungen angewiesen sind, und das oft ihr Leben lang.

Worin unterscheiden sich die Erfolglosen von den Erfolgreichen? Untersuchungen wie die vom Deutschen Jugendinstitut offenbaren längst bekannte gesellschaftliche und bildungspolitische Herausforderungen. Jugendliche, die keinen Ausbildungsplatz erhalten haben, schleppen ihre Probleme meist schon seit ihrer Kindheit mit sich herum. Sie hatten schlechtere Noten als ihre Klassenkameraden und schwänzten öfter die Schule. Viele von ihnen kommen aus bildungsfernen Familien. Auffällig ist auch die hohe Zahl der Jugendlichen mit Migrationshintergrund. Und auch die Situation am Arbeitsmarkt in der jeweiligen Region spielt eine große Rolle.

Um diese Herausforderungen zu meistern, ist die Berufswahlvorbereitung in der Schule unerlässlich. Praktikumserfahrungen spielen bei der Berufswahl eine herausragende Rolle, und ein berufsorientierter Unterricht wird immer wichtiger. Wir brauchen an den Schulen Berufslotsen, die den Kindern und Jugendlichen helfen, wenn die Eltern überfordert sind. Auch Patinnen und Paten aus der Wirtschaft können den Kindern an den Schulen eine praxisorientierte Hilfe sein, denn Lehrer allein können das nicht leisten. Sie sind dafür nicht ausgebildet.

Vor allem müssen die Jugendlichen auch nach der Schule weiter begleitet werden, denn oft fangen die Probleme schon beim frühen Aufstehen an. Entscheidend für einen gelungenen Übergang in die Ausbildung sind deshalb Angebote für Jugendliche, die an ihre individuellen Voraussetzungen, Ziele und Lebenslagen anknüpfen. Denn das Durcheinander der Schulsysteme, Umwege und Sackgassen demotivieren die Schüler zusätzlich. Wenn wir die jungen Menschen in Ausbildung und Lohn und Brot bringen wollen, brauchen wir einen finanzstarken Topf, durch den wir jene Jugendlichen fördern, die es alleine nicht schaffen. Auch das Durcheinander der Weiterbildungsmöglichkeiten nach der Schule muss beseitigt werden.

Schon während der regulären Schulzeit können die Kinder erkennen, was ihnen Spaß macht und wo sie ihre Fähigkeiten und Möglichkeiten sehen. Wenn Kinder merken, dass sie auch etwas können, sind sie bereit, sich in jenen Fächern anzustrengen, in den sie ansonsten Probleme haben. Die Schule bereitet aber im Moment ihre Schülerinnen und Schüler nur unzureichend auf die anspruchsvoller werdende Ausbildungswelt vor. Damit die jungen Menschen dort bestehen können, ist es notwendig, ihr kognitives Niveau anzuheben, wenigstens auf den mittleren Schulabschluss.

Die mittlere Reife, da sind sich alle Experten einig, ist heute die Mindestkompetenz. Wenn Jugendliche die nicht erreichen, sollten sich Arbeits- und Lernphasen künftig abwechseln. Das heißt, die Jugendlichen müssen mit viel Geschick und einer pädagogischen Meisterleistung der Lehrer an den mittleren Abschluss herangeführt werden, auf dem weiter aufgebaut werden könnte. Auch an eine schulische Begleitung der Ausbildung ist zu denken. So könnte man während einer Ausbildung weiter an seinem mittleren Abschluss arbeiten. Die Schüler würden sich dann Schritt für Schritt weiterentwickeln können. Wir können es uns jedenfalls nicht leisten, junge Menschen durch das Bildungsraster fallen zu lassen, denn Prognosen zeigen: Bis zum Jahr 2025 wird die Zahl der Geringqualifizierten die Nachfrage an Arbeitskräften um 1,3 Millionen übersteigen.

Vor allem die skandinavischen Länder machen uns schon lange vor, wie man junge Menschen so ausbilden kann, dass sie eine Ausbildung beginnen und auch abschließen können. Ein ganz großes Problem bei uns ist, dass unser System nicht zwischen förderbedürftigen und marktbenachteiligten jungen Menschen unterscheidet. Ziel muss es sein, auch jene jungen Menschen zu unterstützen, die wirklich Förderung benötigen. Das sind zum Beispiel Kinder, die von Haus aus weder Unterstützung durch die Eltern noch später durch ihre Lehrer erhalten haben. In Deutschland sind heute etwa 900 000 junge Menschen Empfänger von Transferleistungen. Diese große Zahl wird sich in Zukunft sicher verringern, denn die Zahl der Jugendlichen, die trotz eines vernünftigen Schulabschlusses keinen Ausbildungsplatz finden, nimmt ab, da sich aufgrund des demographischen Wandels die Zahl der Bewerber und Bewerberinnen reduzieren wird. Die anderen gilt es zu fördern, damit sie nicht arbeitslos werden.

Die Bundesländer haben trotz dieser dramatischen Zahlen immer noch nicht erkannt, wie wichtig das Thema Bildung ist. Angesichts schrumpfender Etats haben sie beim Bildungsgipfel im Juni 2010 ihr gemeinsam vereinbartes Ziel in Frage gestellt, ab 2015 jeden zehnten Euro vom erwirtschafteten Gesamtvermögen in Bildung und Forschung zu stecken.

Steve muss nicht auf die Lernbehindertenschule

Steve ist einer unserer typischen Jungs. Fußball ist seine größte Leidenschaft, und daneben liebt der jetzt 12-jährige Junge alle Aktivitäten, die im Freien stattfinden. Er ist ein aufgeschlossener Junge, der gern lacht und seinen Schabernack mit anderen treibt. Seine schulischen Leistungen sind mittelmäßig, aber nicht schlecht, und so kommt Steve gut durch die Schule und hält sich natürlich mit Fußballspielen fit. Das war allerdings nicht immer so.

Als Steve in die 2. Klasse kam, besuchten er und seine Mutter die Arche, weil sie davon gehört hatten, dass Kinder hier schulisch gefördert werden, und das nicht in einer «Massenabfertigung», sondern ganz individuell. Der damals 7-Jährige hatte große Schwierigkeiten mit dem Lesen und Schreiben, und seine Mutter, die nur einen 400-Euro-Job und selbst einen schlechten Bildungsabschluss hat, konnte ihren Sohn nicht richtig unterstützen. Steves Vater arbeitet beim Wachdienst und ist selten zu Hause. In seinem Job verdient auch er nur 3,50 Euro pro Stunde, aber beide Eltern wollen nicht von Transferleistungen leben, weil sie ihrem Sohn etwas vorleben und ihn zu einem gesellschaftsfähigen Menschen erziehen wollen. Mutter und Vater bemühten sich wirklich sehr, aber die Lese-Rechtschreib-Schwäche ihres Jungen machte ihnen Sorgen. So fragten sie mich, ob unsere Nachhilfelehrerin sich des Problems annehmen und Steve regelmäßig bei den Hausaufgaben helfen könnte. Klar, da gab es gar keine Frage, auch wenn der Kleine nicht besonders motiviert war und lieber draußen gespielt hätte – besonders an sonnigen Tagen.

In Steves Klasse waren insgesamt 32 Schüler, viele davon nicht ganz einfach. Dabei spielten häufig emotionale und finanzielle Probleme eine Rolle, die nicht spurlos an den Kindern vorübergehen. Wechselnde Partner der Mütter, ein ständig laufender Fernseher, Wochenenden, an denen die Kinder viel zu spät ins Bett kommen, und häusliche Gewalt waren nur die Spitze des Eisbergs. Die fast 60-jährige Lehrerin hatte alle Hände voll zu tun, und es fiel ihr sichtlich schwer, die Klasse «durchzubringen». Besonders Kinder mit Lernschwierigkeiten waren ihr schnell ein Dorn im Auge.

Nachdem Steve den Übergang in die dritte Klasse geschafft hatte, allerdings mit einer relativ schlechten Note in Deutsch, wurden die Eltern zur Direktorin zitiert. Wir wussten davon, da Steves Mama es uns sehr besorgt erzählt hatte. Sie ist eine fürsorgliche Mutter, hat aber ständig Angst, irgendeinen Fehler zu machen. Trotz ihrer immerwährenden Fürsorge fragte sie mich häufig: «Bin ich wirklich eine gute Mutter?» Sie machte sich viele Gedanken darüber, wie sie ihrem Sohn besser helfen könnte, und dachte oft an ihre eigene Mutter zurück, die nie Zeit für sie hatte und bei der sie sich immer wie das fünfte Rad am Wagen fühlte. Erst durch ihre Ehe stabilisierte sie sich, aber mit der Verantwortung für ihr eigenes Kind kamen die Selbstzweifel zurück.

Wir konnten Steves Mutter aber immer wieder beruhigen und ihr die vielen positiven Seiten ihres Sohnes aufzeigen. Er war so hilfsbereit und nett, manchmal natürlich auch draufgängerisch. Ihm fehlte es nicht an Selbstbewusstsein, er strotzte nur so vor Potenzial, aber auch ihn belastete seine Lese-Rechtschreib-Schwäche, besonders weil seine Lehrerin ihn damit immer aufzog. Und gerade vor den Mitschülern war das Steve sehr peinlich.

Nach dem Gespräch mit der Direktorin stand eine um Jahre gealterte Frau vor mir. Ihr liefen Tränen die Wangen hinunter, sie zitterte am ganzen Körper: «Steve muss auf die Lernbehindertenschule! Aber er ist doch nicht behindert!» Schon oft habe ich mich über die Bezeichnung dieser Schulform hier im Osten Berlins extrem aufgeregt, denn sowohl Sonderschule als auch der offizielle Name Förderschule oder Ähnliches klingen nicht so drastisch für ein Kind wie Lernbehindertenschule!

Man hatte der Mutter klargemacht, dass ihr Sohn nach den nächsten Ferien die Schule wechseln solle, weil er mit seinen schlechten Leistungen nicht weiterkomme. Da der mittlerweile 8-Jährige jeden Tag bei uns die Hausaufgaben machte, kannten wir seine Leistungen und sahen eigentlich keine großen Probleme in den anderen Fächern. Nun war er kein Musterschüler. In Mathematik, Sachkunde und den anderen Fächern war er durchschnittlich, sportlich natürlich eine Eins, nur in Deutsch stand er auf Fünf. Den Jungen «abzuschieben», das war nicht der richtige Weg.

Natürlich ist es nicht einfach, jeden Einzelnen in der Klasse individuell zu fördern, aber so werden auffällige Kinder oder Kinder mit Lernschwächen zu Außenseitern gemacht. Auch Steve wurde schnell an den Rand gespielt. Eine Verringerung der Klassenstärke von 32 auf 31 Schüler stellt für die Lehrerin sicher eine Entlastung dar, doch so wird einfach über den

Kopf eines Kindes hinweg entschieden, obwohl dieses sicher vieles braucht, aber keine Förderschule.

Leider mussten wir in den vergangenen Jahren oft erleben, dass Kinder aufgrund einer Schwäche aus der Regelschule abgeschoben wurden. In den Förderschulen sind sie aber viel zu häufig fehl am Platze, da sie meist nur in einem Fach Probleme haben. Vor allem an Brennpunktschulen werden oft Fehlentscheidungen getroffen, die das ganze Leben eines Kindes verändern und prägen können. Und die Eltern lassen sich überzeugen oder geben klein bei, weil sie sich als die Schwächeren fühlen. Aber kann ein Schulsystem so mit seiner Zukunft umgehen?

Manchmal frage ich mich, ob wir in unserem Land eine ganz falsche Sicht auf ein Kind und seine Bedürfnisse haben. Werden Kinder als diejenigen gesehen, in die wir all unser Wissen und all unsere Hoffnung hineinlegen können? Es macht mich wütend, wenn ich sehe, wie Kinder auf dem Abstellgleis landen. Es macht mich traurig, wenn ich sehe, wie viel Potenzial dieser einzigartigen Kinder auf der Strecke bleibt, weil Erwachsene, die überhaupt keine Ahnung von ihnen haben, über sie entscheiden.

Für Steve wollte ich kämpfen. Dieser Junge hatte es nicht verdient, wegen einer zu vollen Klasse und einer Lese-Rechtschreib-Schwäche den Tritt an die frische Luft zu bekommen. Ich vereinbarte mit der Mutter einen Termin bei der Schulbehörde. Natürlich kamen bei ihr Ängste und Zweifel auf. Sie, diese kleine Person, sollte zur Behörde gehen und sich beschweren. Schon vorher malte sie sich all die Probleme aus, die sie sich dort und anschließend bei der Direktorin einhandeln würde. Aber es kam anders: Wir saßen einem sehr kompetenten und netten Beamten gegenüber, dem wir erst einmal die

Situation schildern durften. Er hörte sich alle Aspekte interessiert an, auch meine Perspektive und unsere Unterstützung, die wir dem Kind zukommen ließen. Wir zeigten ihm die Zeugnisse und brachten unseren Unmut zum Ausdruck.

«Ist doch überhaupt kein Problem», entgegnete uns der ältere Herr. «In diesem Fall steht Ihrem Kind ein Integrationslehrer zu, den die Schule stellen muss. Ihr Sohn muss nicht auf eine Förderschule! Ich werde mich umgehend mit Ihrer Schule in Verbindung setzen.» Wir waren sprachlos. Der Schulamtsmitarbeiter erklärte uns noch im Detail, wie dieses Prinzip funktionierte, und wir verließen sein Büro. Steves Mutter strahlte vor Glück. Nun war endlich Licht am Ende des Tunnels zu sehen. Sofort nach unserem Gespräch ging sie zur Direktorin der Schule und überbrachte die Nachricht des Schulamtes.

Einige Tage später, Steve hatte noch Unterricht, klingelte mein Telefon im Büro. Eine Frau meldete sich, die ich noch nicht kennengelernt hatte. Sie war aufgebracht und erregt und begann das Gespräch mit den Worten: «Ich weiß gar nicht, was Sie das angeht, warum mischen Sie sich überhaupt ein?»

Bevor ich herausfinden konnte, worum es überhaupt ging, musste ich die Dame beruhigen. Es stellte sich dann schnell heraus, dass die Frau am anderen Ende der Leitung eine Mutter aus Steves Klasse war. Eine Mutter, die sich kümmerte, eine Mutter, der das Wohl ihres Kindes am Herzen lag. Auch sie merkte, wie schwierig es war, dass ihr Kind mit so vielen Schülern in einer Klasse war und nicht genug Förderung erhielt.

Sie erzählte von dem Elternabend, der am Vortag stattgefunden hatte, und wie die Lehrerin sich beklagt hatte. Sie sprach auch von Steve und der Notwendigkeit, dass er auf eine Förderschule müsse. Sie führte aus, dass er den Klassenverband beim Lernen nur bremse, aber nun müsse das Kind wegen meines Einsatzes beim Schulamt in der Klasse bleiben, und so würde nie Ruhe einkehren.

«Wie stellen Sie sich das denn überhaupt vor?», fragte sie. «Jetzt muss diese Lehrerin, die jetzt schon 32 Kinder hat, auch noch die Integrationslehrerin für Steve werden?» Wortreich erklärte mir die Dame, dass an der ganzen Schule eigentlich viel zu wenig Lehrer seien, um allen Kindern gerecht zu werden. So habe die Direktorin entschieden, dass Steves Klassenlehrerin jetzt auch noch die Integrationslehrerin für ihn sein solle und ihn nebenbei so fördern müsse, dass er langsam an den Stoff geführt wird, damit er ihn auch versteht.

An diesem Abend waren einige Eltern wohl sehr aufgebracht und sauer auf die Arche und mich, da wir uns in ihren Augen zu sehr eingemischt hatten. Keinem ging es um Steve, jeder hatte nur sich und seine Familie im Blick. Den meisten schien es egal zu sein, dass einer durch den Rost fiel, aber die Lehrerin hatte es ja auch nicht anders vermittelt, und auch die Direktorin schien mit dieser Sache überfordert zu sein.

Von nun an erlebte Steve die Hölle auf Erden. Er wurde nicht nur von den Mitschülern gemobbt, sondern auch die Lehrerin ließ ihn spüren, dass er der Grund aller Probleme in der Klasse war. Jeden Tag besuchte mich die Mutter. Sie ging immer häufiger nicht zur Arbeit und wurde richtig krank, weil sie merkte, wie sehr ihr Sohn litt. Steve allerdings hielt gern die Probleme von seiner Mutter fern. Es ging sogar so weit, dass die Mutter an einem Tag zu mir kam und sagte: «Ich hab die Nase voll, ich kann nicht mehr. Ich melde Steve jetzt in der Lernbehindertenschule an, vielleicht ist das ja doch besser für ihn, so geht es jedenfalls nicht weiter!»

Sie hatte völlig recht. Auch wenn Steve jeden Tag zu uns

in die Arche kam und seine Hausaufgaben machte, schwand sein Interesse an der Schule. Seine Noten wurden schlechter, und es kam ein Hass in ihm auf, der sich kaum beschreiben lässt. Aber ein Kind aufgeben? Niemals! Ich überredete die Mutter, sich nach einer anderen Grundschule umzusehen, die Steve aufnehmen würde, auch mit seinem Förderbedarf. Das konnte sich Steves Mutter nicht so richtig vorstellen, denn für sie waren mittlerweile alle Lehrer so, wie sie die Lehrerin ihres Sohnes kennengelernt hatte. Trotzdem sprach sie bei den verschiedenen Direktoren vor und erklärte die Situation, bekam zwar viele Absagen, aber auch eine Zusage zum Probeunterricht.

So durfte Steve an einem Vormittag in eine benachbarte Schule, um zu schauen, ob es ihm dort gefiel und er in die Klasse passen würde. Auch hier waren 30 Kinder in einer Klasse, allerdings herrschte eine ganz andere Atmosphäre. Nach Steves Beschreibung war die Lehrerin konsequent, aber liebenswert, und er hatte sofort das Gefühl, dass er wertgeschätzt und ernst genommen wurde. An diesem Vormittag hatte er endlich mal wieder Lust zu lernen, und ein kleiner Hoffnungsschimmer flackerte auf.

Steve wechselte die Schule und ist nun endlich da, wo er lernen kann, wo man ihn ernst nimmt und wo ein guter Integrationslehrer ihn mit seiner Lese-Rechtschreib-Schwäche individuell fördern kann. Und Steve musste nicht auf eine Lernbehindertenschule!

Kinderrechte gehören ins Grundgesetz

Mit der einstimmigen Verabschiedung der UN-Kinderrechtskonvention durch die Generalversammlung der Vereinten Nationen im Jahr 1989 und der darauffolgenden beinahe weltweiten Ratifizierung verbindet sich ein globaler Schutz der Kinderrechte. Denn Kinderrechtsschutz ist weit mehr als Kinderschutz. In dieser Konvention geht es darum, jedes Kind als Persönlichkeit anzuerkennen und umfassende Schutz-, Förder- und Beteiligungsrechte im privaten wie auch öffentlichen Raum zu gewährleisten. Deutschland hat die Konvention im Jahr 1992 ratifiziert, allerdings mit einigen Vorbehalten. Erst am 15. Juli 2010 hat die Bundesregierung gegenüber dem Generalsekretär der Vereinten Nationen erklärt, dass sie die Vorbehalte zurücknehme.

Bei diesen deutschen Vorbehalten ging es in erster Linie um die Festsetzung von Altersgrenzen. Deutschland wollte sich die Möglichkeit offenhalten, Kinder ab 16 Jahren in ihre ursprünglichen Heimatländer abzuschieben, wenn man der Meinung war, ihr Aufenthalt mit ihren Familien in Deutschland sei illegal.

Heute ist allein die Vorstellung, Kinder nicht als vollwertige Menschen zu verstehen, unhaltbar und wird zumindest öffentlich kaum mehr ernsthaft vertreten. Doch gerade Politiker tun sich immer noch schwer damit, spezifische Kinderrechte im Grundgesetz festzuschreiben. Seit Jahren wird darüber debattiert. Dabei zeigt sich, welche Widerstände es gibt. Eine sich durchaus modern gebende Opposition gegen Kinderrechte versucht, die Unterschiede zwischen Kindern und Erwachsenen zu leugnen. «Wir sind doch alle Menschen», argumentiert sie und betont, die Menschenrechte würden schließlich auch für Kinder gelten.

Experten sind sich aber einig, dass die jetzige Rechtslage im Hinblick auf die Belange von Kindern nicht ausreichend ist. Solange die Rechte von Kindern nicht im Grundgesetz festgeschrieben sind, bleibt die Verfassung ein Werk von Erwachsenen für Erwachsene. Wir müssen aber die Zukunftschancen der Kinder jetzt verbessern, denn unsere Zukunft hängt von den heute lebenden Kindern und Jugendlichen ab. Da sind sich alle einig.

Was würde sich ändern, wenn man Kinderrechte im Grundgesetz verankerte? Der gesellschaftliche Status der Kinder würde sich verändern. Die Belange der Kinder müssten dann vorrangig berücksichtigt werden. Doch das kostet Geld, sogar sehr viel Geld. Wenn die Kinderrechte Verfassungsrang hätten, müsste jedes Kind gemäß seinen individuellen Fähigkeiten und Möglichkeiten gefördert werden. Und genau das bräuchten wir in Deutschland.

Es ist erschreckend, in welcher Weise heute die Zukunftschancen der Kinder mit ihrer Herkunft verknüpft sind. Oft entscheidet nicht nur das Einkommen der Eltern, sondern auch der Wohnort, das Viertel, in dem sie leben, über die Zukunft der Kinder. Sogar bestimmte Vornamen, wie zum Beispiel Kevin oder Chantal, sind bei vielen Lehrern an Brennpunktschulen mit gewissen Vorurteilen behaftet, wie Studien belegen. Vor allem Kinder aus bildungsfernen Familien haben in der Schule schlechte Chancen. Sie scheitern schon in den ersten Klassen. Diese Kinder brauchen Hilfe, und zwar jetzt und in Zukunft.

Die Schulen werden mit immer höheren Ansprüchen belastet, ohne dass man ihnen ausreichende Mittel zur Verfügung stellt. Die Bundesregierung hat 2005 einen nationalen Aktionsplan ins Leben gerufen, der für eine Umsetzung der Konvention für Kinderrechte in Deutschland sorgen sollte. Das hat bislang nicht funktioniert. In dem Papier heißt es, das derzeitige selektive Bildungssystem müsse umgestaltet und die individuelle Förderung jedes einzelnen Kindes zum Herzstück einer neuen Bildungspolitik erklärt werden. 2010 lief der Aktionsplan aus. Bewirkt hat er nichts, gekostet hat er viel.

Wenn schon bei der Gesetzgebung Kinderrechte berücksichtigt werden müssten, kämen wir dem Ziel, eine kindgerechtere Welt zu schaffen, einen entscheidenden Schritt näher. Kinder, die sich entfalten wollen, brauchen die Hilfe von Sozialarbeitern, Psychologen, Lehrern und natürlich starken Eltern – das ist nicht umsonst zu haben. Es ist alles – wie so oft – eine Frage des Geldes. Doch weil jedes Kind das Recht auf eine gewaltfreie Erziehung und das Recht auf Entfaltung und Entwicklung seiner Persönlichkeit hat, sollte Geld bei der Umsetzung nun wirklich keine Rolle spielen.

Heute redet zwar jeder davon, dass Kinder unsere Zukunft sind, doch in unserer Gesellschaft sind sie zur Minderheit geworden. So stehen Kinderinteressen immer wieder in Konkurrenz zu anderen Interessen. Oft sind der Straßenbau oder Ähnliches wichtiger als Kinderbetreuung, die Ausstattung von Schulen oder Sprachförderung.

Das Wohl der Kinder steht an erster Stelle. Damit wird festgestellt, dass das in Artikel 6 des Grundgesetzes festgelegte Recht und auch die Pflicht der Eltern, ihre Kinder zu erziehen, kein Freibrief für die Eltern sind. Wenn Eltern dem nicht gerecht werden können oder wollen, muss der Staat eingreifen, um das Kindeswohl zu schützen. Und ein Teil dieses Kindeswohles ist eine solide Ausbildung unter den gleichen Voraussetzungen, mit den gleichen Chancen für alle.

Natürlich kann der Staat auch heute schon eingreifen, und im Extremfall können Kinder ihren Eltern weggenommen werden. Aber welches Jugendamt kümmert sich schon um die schulischen Leistungen und Fähigkeiten der Kinder aus den bildungsfernen Schichten? Dafür fehlt das Personal. Und warum ist kein Personal da? Weil das Geld für anderes ausgegeben wird.

Kinderrechte können theoretisch eingeklagt werden, denn Kinder sind nicht nur ein Teil der Familie, sie sind auch eigenständige Persönlichkeiten. Unsere Kinder sind eigenständige Menschen, mit eigenen Rechten und einer eigenen Meinung. Wenn Kinderrechte ins Grundgesetz aufgenommen werden, können sie vor Gericht eingeklagt werden. Dann haben Kinderrechte automatisch mehr Gewicht und Durchsetzungsfähigkeit.

Bei Unterrichtsausfall wegen kranker Lehrer an Schulen, die keine Vertretungslehrer haben, könnten Kinder ihr Recht auf genügend und gut ausgebildete Lehrer einklagen. Wenn die Schule zu wenige Lehrer stellt, würde sie sich strafbar machen. Dieses Beispiel zeigt das Dilemma, in dem sich der Staat befindet: Er müsste in diesem Fall handeln können und erheblich mehr Pädagogen einstellen. Auch Psychologen und Mediziner müssten beschäftigt werden und in den Schulen arbeiten.

Jahrtausendelang hatten Kinder nicht einmal ein Recht auf Leben. So erzählt die Bibel beispielsweise von Herodes, dem König von Judäa, der von einem Kind hörte, das als König der Juden geboren war. Herodes versuchte auf listige Weise herauszufinden, um welches Kind es sich handelte, damit er es sofort töten könnte. Als das nicht klappte, ließ er kurzerhand alle Kinder in der Region umbringen.

Und im patriarchalischen römischen Recht lag es in der Hand des Vaters, ein neugeborenes Kind anzunehmen oder dem Tode zu überlassen. Bis in die Neuzeit hinein gehörten Kinder zu Besitz und Hausstand der Eltern, die über Leben und Entwicklung, Ausbildung und Beruf bestimmten. Erst im Zuge der Aufklärung wandelte sich das Bild vom Kind. Es setzte sich langsam die Auffassung durch, dass Kinder einer besonderen Förderung bedürfen.

Durch die Aufnahme von Kinderrechten in das Grundgesetz käme Deutschland einer auch vom UN-Ausschuss für die Rechte des Kindes ausgesprochenen Empfehlung nach und würde darüber hinaus Kinderrechte als nationales Recht umsetzen. Ein solcher Schritt wäre vor allem geeignet, das allgemeine Bewusstsein für die Rechte von Kindern zu stärken und die Position des Kindes sowohl gegenüber dem Staat als auch im Konfliktfall gegenüber den Eltern zu verbessern. Weiter würde er vor allem die Berücksichtigung von Kinderinteressen im politischen Raum fördern.

Die Verankerung von Kinderrechten im Grundgesetz ist sicher keine Lösung für alle offenen Fragen und Probleme. Aber Kinder ohne starke Eltern hätten mehr Möglichkeiten, ihre Rechte, wie etwa das Recht auf Bildung, einzufordern, auch mit juristischen Mitteln. Und das geht heute leider noch nicht. Wenn also die Umsetzung der UN-Kinderrechtskonvention bei uns wenig erfolgreich war, wäre doch die Verankerung der Kinderrechte im Grundgesetz ein nächster logischer Schritt.

Valentina – Keine Schulpflicht in Deutschland

Valentina ist 9 Jahre alt und kommt seit der Eröffnung der Frankfurter Arche regelmäßig zu uns. Jeden Tag steht sie fröhlich vor der Tür und erfreut sich an der Atmosphäre in der Arche und an den Angeboten der Mitarbeiter. Kurz: Sie genießt die Arche in vollen Zügen. Allerdings hatte sie bisher auch noch nie eine solche Anlaufstelle, es ist also verständlich, dass sie ihre Zeit bei uns jetzt richtig auskostet.

Neulich sitzt Valentina mit anderen Kindern zusammen im Hausaufgabenraum, blättert gedankenversunken in einem der Bücher, die dort den Kindern zur Verfügung stehen, und murmelt so vor sich hin, dass sie auch endlich lesen lernen will. Die Mitarbeiterin, die den Raum betreut und diese Bemerkung hört, spricht das Mädchen an und kommt mit ihm ins Gespräch. Es stellt sich heraus, dass Valentina überhaupt nicht in der Schule angemeldet ist und sich jeden Tag vor dem Archebesuch im Stadtteil herumtreibt, obwohl Kinder nur dann mittags zu uns kommen dürfen, wenn sie vormittags in der Schule waren. Die Möglichkeit, in der Arche Hausaufgaben zu machen, zu sehen, wie andere Kinder ihre Aufgaben erledigen, Unterstützung bekommen und Fortschritte machen, hat sie dazu gebracht, ein großes Geheimnis zu lüften und endlich jemandem zu erzählen, was sie sich so sehr wünscht. Sie will in die Schule gehen, etwas lernen und dazugehören.

Uns Mitarbeiter hat ihre Geschichte zum einen geschockt, aber auch unglaublich motiviert, alles in die Wege zu leiten, damit Valentina nun endlich lernen kann. Wir haben bei der zuständigen Schule angerufen und mit einem verständnisvollen und motivierten Direktor gesprochen, der sich für dieses Mädchen einsetzen will. Allerdings verstreichen einige Termine, bis die Eltern in die Schule kommen, um das Mädchen anzumelden. Es stellt sich dabei heraus, dass Valentina gar nicht in Deutschland gemeldet ist und nur sehr selten in eine Schule für Sinti und Roma geschickt wird, da die Eltern wenig Wert auf die Schulausbildung ihrer Tochter legen. Etwa zwei Wochen nach dem Erlebnis im Hausaufgabenraum steht Valentina im Eingang der Arche, ein breites Grinsen auf dem Gesicht und stolz wie Oskar mit ihrem neuen Schulranzen auf dem Rücken. «Ich bin jetzt in der zweiten Klasse!» Welche Freude, in ihren Augen zu sehen, was es für sie bedeutet, zur Schule zu gehen.

Die ersten Wochen sind dann auch erfüllt von Euphorie und dem gemeinschaftlichen Erledigen der Schulaufgaben mit den Freundinnen. Die Arche-Mitarbeiter helfen ihr, so gut es geht, dabei, ihre Defizite aufzuarbeiten. Alles scheint einen sehr guten Weg zu gehen. Jedoch tauchen bald erste Hürden im Schulalltag auf: Streit und schlechte Zensuren. Valentina schwänzt immer häufiger die Schule, um diesen Problemen aus dem Weg zu gehen. Wir vermuten, dass sie diesbezüglich keine Unterstützung von zu Hause bekommt. In die Arche kommt sie auch immer seltener. Es ist schwierig, ohne Hilfe Durststrecken und Frustrationen durchzustehen. Und so entsteht eine gewisse Distanz zu Valentina.

Einige Zeit später meldet sich der Direktor von Valentinas Schule bei uns. Er erklärt, dass für Valentina durch ihren Aufenthaltsstatus keine Schulpflicht bestehe, dass sie nur ein Recht auf Beschulung habe. Doch dieses Recht nehme sie im Moment nicht in Anspruch, und sie könne eben nicht gezwungen werden, zur Schule zu gehen. Daher bittet er uns, trotz unserer Regeln eine Anlaufstelle für Valentina zu bleiben, sonst werde es mit ihr sicherlich wieder bergab gehen. Natürlich lassen wir uns nicht zweimal bitten und versichern, an Valentina dranzubleiben. Leider wurde mittlerweile die Wohnung der Eltern zwangsgeräumt. Valentina ist mit ihren Eltern in einen anderen Stadtteil gezogen, und wir haben sie seitdem nicht mehr gesehen.

So wie Valentina geht es vielen Flüchtlingskindern. Allerdings ist das Thema Flüchtlinge in Deutschland eine komplizierte Angelegenheit. Es gibt nicht nur einen Typ Flüchtling. Man muss beispielsweise unterscheiden zwischen Flüchtlingen mit Niederlassungserlaubnis, mit befristetem Bleiberecht, solchen, die aus humanitären Gründen nicht abgeschoben werden können, solchen, die lediglich geduldet sind, oder solchen, die keinerlei Aufenthaltserlaubnis haben. Dementsprechend gibt es für jede Gruppe Regelungen dafür, wie sie in Deutschland leben dürfen. Also zum Beispiel, ob sie Anspruch auf Hilfen haben, ob und ab wann sie arbeiten dürfen, ob sie an Sprach- und Integrationskursen teilnehmen können oder ob die Kinder zur Schule gehen dürfen. Bestimmte Flüchtlingsgruppen müssen in Sammelunterkünften leben und haben nur beschränkten Zugang zu unserem Gesundheitssystem. Zusätzlich variieren diese Regelungen von Bundesland zu Bundesland. Dies sind äußerst schwierige Lebensumstände, die vor allem Kinder leicht zu «hoffnungslosen» Fällen machen.

Valentina und ihre Familie sind Roma. Sinti und Roma sind eine weltweit verbreitete ethnische Minderheit indischen Ursprungs. Auch in Deutschland sind sie eine anerkannte Minderheit. Laut Zentralrat Deutscher Sinti und Roma leben zwischen 70 000 und 80 000 von ihnen mit deutscher Staatsangehörigkeit in Deutschland. Vor allem aus dem ehemaligen Jugoslawien kommen aber auch viele Sinti und Roma als Flüchtlinge nach Deutschland. Der Zentralrat schätzt ihre Zahl auf 20 000. Etwa 12 000 von ihnen haben keine Aufenthaltserlaubnis und sind somit von der Abschiebung bedroht.

Wie in anderen Ländern auch müssen Sinti und Roma in Deutschland oft mit Diskriminierungen und Beschimpfungen leben. Sie werden ausgegrenzt und stigmatisiert. Roma-Kinder haben es also schon aufgrund ihrer ethnischen Herkunft nicht leicht. Wenn aber die prekäre Aufenthaltssituation hinzukommt, leiden sie doppelt. Denn dann leben sie oft jahrelang in provisorischen Unterkünften, unterliegen nicht der Schulpflicht und dürfen oft keine Sprachkurse besuchen. Ihre Eltern trauen sich nicht, mit ihren Kindern zum Arzt zu gehen, aus Angst, abgeschoben zu werden. Es ist ein Leben in Isolation, in dem man oft genug vergessen wird.

Valentina konnte zumindest für eine kurze Zeit die Freude am Lernen genießen. Zu vielen Kindern bleibt dies jedoch verwehrt, weil sich keiner für sie, ihre Bildung und ihr Leben in Deutschland einsetzt.

Der vorsorgende Sozialstaat

Der Begriff «vorsorgender Sozialstaat» sollte nicht mit dem versorgenden Sozialstaat verwechselt werden. Das ist etwas vollkommen anderes. Der vorsorgende Sozialstaat ist ein von der SPD eingeführtes und vorrangig von ihr verwendetes politisches Schlagwort. Ihm liegt der Gedanke zugrunde, dass Sozialpolitik sich nicht darauf beschränken dürfe, die Auswirkungen sozialer Notlagen abzufedern, sondern in erster Linie darauf abzielen müsse, die Entstehung solcher Notlagen vorausschauend zu vermeiden. In diesem Sinne verstanden, umfasst «vorsorgende Sozialpolitik» ein sehr weites Feld, das Bildung, Erziehung und Gesundheitsvorsorge, aber auch andere Lebensbereiche mit einschließt. Und damit sind wir wieder beim eigentlichen Thema.

Das sind natürlich hehre Ansichten und Versprechen. Die SPD hat den Begriff das erste Mal in ihrem Hamburger Programm von 2007 erwähnt. Damals war sie schon zwei Jahre nicht mehr federführend in der Regierung und musste Rücksicht auf die starke CDU/CSU der Angela Merkel nehmen. Die Sozialdemokraten waren somit auch nicht mit der Umsetzung solcher Versprechen betraut, die an der bildungspolitischen Kriegsfront Grundlagen für einen Waffenstillstand bieten würden.

«Um das Versprechen von Sicherheit und Aufstieg in unserer Zeit zu erneuern, entwickeln wir den Sozialstaat weiter zum vorsorgenden Sozialstaat. Er bekämpft Armut und befähigt Menschen, ihr Leben selbstbestimmt zu meistern.» Das liest sich wie ein bildungspolitisches Märchen, aber die Geschichte ist noch nicht zu Ende. «Übergeordnete Aufgabe», heißt es weiter im Hamburger Programm, «des vorsorgenden Sozialstaates ist die Integration aller Menschen in der Gesellschaft. Deshalb vernetzt vorsorgende Sozialpolitik unterschiedliche Aufgaben wie Wirtschafts-, Finanz- und Arbeitsmarktpolitik, Bildungs- und Gesundheitspolitik, Familien- und Gleichstellungspolitik oder die Integration von Einwanderern.»

Der Begriff ist übrigens viel älter, er soll von Herbert Wehner stammen, der ihn schon 1978 geschaffen haben soll. Der SPD-Politiker Hubertus Heil sagte in einer Rede etwas sehr Intelligentes: «Entscheidend ist nicht allein, wie viel Geld wir ausgeben, sondern wie gut, also wofür. Investitionen in Infrastruktur und Bildung, in Forschung und Technik sind Investitionen in die Zukunft. Und dazu gehört auch ein Bildungsprogramm für die Schwachen und Schwächeren.»

Der Wille, etwas zu leisten, ist bei fast allen Menschen vorhanden, auch wenn sie sozial schwach und bildungsfern sind, solange sie die Grundlagen dafür haben. Die Erfahrungen, die wir bei unserer Arbeit machen durften, zeigen uns, dass wir diesen Willen schon in ganz jungen Jahren fördern müssen. Und wir dürfen nicht die Eltern als Filter zwischen Bildung und dem Willen, diese auch anzunehmen, sehen. Wir müssen die Kinder unabhängig von den Wünschen der Eltern fördern. Dazu gehört eine Kitapflicht für Kinder ab zwei oder drei Jahren und vor allem – noch wichtiger – eine aufsuchende Sozialarbeit. Wir müssen dorthin, wo die Kinder sind. So können

Pädagogen zu Hause bei den Familien die Situation einschätzen und dann individuell handeln.

Diese präventive Form der Sozialarbeit würde sicher auch manches Unglück verhindern. Die Kinder sind fast immer bei ihren Eltern am besten aufgehoben. Also sollte man die Eltern, die allein nicht klarkommen, in ihren Wohnungen aufsuchen und vor Ort helfen.

Wir müssen darüber reden, was der Staat in Zukunft leisten soll. Eine besondere Aufgabe besteht darin, einen Sozialstaat zu schaffen, der Menschen nicht einfach alimentiert und abschreibt, sondern der aktiv Zukunftschancen schafft. So formuliert es auch Hubertus Heil. Und wo kann man besser mit dieser Hilfe anfangen als bei den Kindern, die es alleingelassen niemals schaffen würden?

Was wir brauchen ist ein Sozialstaat, der möglichst viele Menschen dazu befähigt, ihr Leben selbst in die Hand zu nehmen. Wichtig ist ein Sozialstaat, der die Menschen so unterstützt, dass sie gar nicht erst in Not und Abhängigkeit geraten. Jedes Kind muss sich entwickeln und entfalten können und darf dabei kein schlechtes Gewissen haben, weil die Eltern auf Sozialleistungen angewiesen sind.

Die SPD beschäftigt sich in ihrem Programm mit sehr vernünftigen Thesen. Hoffentlich nicht nur, solange sie nicht an der Regierung ist. Denn es kostet Geld, diese Pläne umzusetzen, und das Geld muss woanders abgezwackt werden. Wer würde nicht unterschreiben, dass Bildung ein Schlüssel zu all diesen Forderungen ist? Es ist ein Verbrechen an unseren Kindern, dass Bildungschancen in Deutschland vererbt werden. Jeder stimmt dem zu, aber nichts ändert sich. Und Bildungsthemen fallen leider regelmäßig unter den Tisch, sobald eine Partei Regierungsverantwortung übernimmt.

Dabei geht es bei den Bildungschancen für alle Kinder nicht nur um Gerechtigkeit. Wir werfen ein Riesenpotenzial an Fähigkeiten weg, das in den Köpfen vieler Kinder schlummert, aber nicht geweckt wird. Wir brauchen vor allem eine individuelle Förderung der Kinder. Die Kinder sollten sich nicht der Schule anpassen müssen, sondern die Lehrer sollten individuell auf jeden Schüler reagieren. Warum wird das nicht schon lange so gemacht? Warum suchen wir in Schulen nicht nach den Stärken der Kinder? Warum ist unser Schulsystem so ausgerichtet, dass ein großer Teil der Lehrerinnen und Lehrer mit einer schon fast bissigen Ausdauer nach den Schwächen unserer Kinder suchen muss?

Eine vernünftige Antwort auf diese Fragen hat keiner. Aber wenn Lehrer keine Zeit für individuelle Förderung der Kinder haben, weil das Leistungsgefälle in den Klassen sehr hoch ist und die Klassen auch zu groß sind, muss unser Bildungssystem versagen. In der Arche-Grundschule in Berlin-Hellersdorf ist jede Klasse mit höchstens 21 Kindern besetzt, und es sind mindestens zwei Pädagogen in der Klasse, bei Bedarf noch mehr.

Ist der vorsorgende Sozialstaat die angemessene Antwort auf die sozialpolitischen Herausforderungen des 21. Jahrhunderts? Das Hamburger Programm der SPD erkennt die Pluralisierung von Lebensweisen und die Flexibilisierung von Erwerbsformen und Erwerbsverläufen, betont gerade angesichts zunehmender Brüche in Biographien die Unentbehrlichkeit eines verlässlichen Sozialstaats. Das höchste Ziel aber sollte sein, den Menschen zu dauerhaften Erwerbseinkommen zu verhelfen, mit denen sie einer solchen Politik eigentlich gar nicht mehr bedürfen. Und da sind wir wieder beim Thema Bildung.

Mit diesem beschäftigt sich auch das Internetportal www.erziehungstrends.de. Dort heiß es unter anderem: «Über die Aufgaben und Grenzen des Sozialstaats wird leidenschaftlich diskutiert, doch was bedeutet eigentlich sozial? Sozial ist all das, was ein förderliches Zusammenleben ermöglicht und verbessert. Und im Gegenzug ist alles asozial, was den Zusammenhalt der Gesellschaft zerstört oder unmöglich macht. Eigenständigkeit und Selbstverantwortung sind unabdingbare Voraussetzungen für ein erfolgreiches und friedliches Zusammenleben. Um zu verhindern, dass unsere Gesellschaft auseinanderbricht, Passivität die Aktivität ersetzt, ist es notwendig, von Kindesbeinen an ein eigenständiges und selbstverantwortliches Handeln zu lernen.»

Weiter ist dort zu lesen: «Bisher sind noch wenig Anhaltspunkte zu erkennen, dass die führenden Sozialpolitiker der im Bundestag vertretenen Parteien einen Konsens darüber anstreben, was eigentlich ein Sozialstaat sei, was er zu leisten habe und wann sich der soziale Staat in einen asozialen Staat verwandle.

Ist es asozial oder unmenschlich, wenn die Forderung erhoben wird, die eigenen Kräfte und Fähigkeiten der Menschen, vor allem der Kinder, zu erkennen und dann besser zu fördern und zu nutzen? Ist es unter sozialen Gesichtspunkten vertretbar, dass sich Menschen auf Staatskosten bis zur Besinnungslosigkeit betrinken und die Folgekosten jahrelanger Trinkgelage von der Allgemeinheit übernommen werden? Ist es gerecht, wenn Menschen, die acht Stunden am Tag arbeiten, weniger verdienen als Hartz-IV-Empfänger? Ist es gerecht, dass Bedürftige anstelle von Geld Sachleistungen beziehen? Lässt es sich mit der christlichen Nächstenliebe vereinbaren, dass die Hilfe für die Ärmsten der Armen auch Grenzen hat?

Tief unsozial und damit auch unchristlich ist es, wenn staatliche Einrichtungen und andere gesellschaftliche Kräfte Selbstverantwortung nicht fördern, sondern durch ihre Politik behindern. Hier kann man an Ludwig Erhard erinnern, den Erfinder der sozialen Marktwirtschaft, die mit der Geburt der Bundesrepublik Deutschland der Grundstock für Stärke und Wohlstand wurde.» Alle Menschen wurden mit einbezogen, und für die Schwachen, die nicht mithalten konnten, wurde ein soziales Netz geschaffen, das die Gesellschaft locker finanzieren konnte. Warum ist das heute nicht mehr so? Sind wir zu gierig geworden? Kann ein System überleben, wenn der Wohlstand immer ungerechter verteilt wird?

Auch hierauf hat Ludwig Erhard Antworten gegeben: «Jede soziale Leistung kann sich nur auf wirtschaftliche Leistung gründen, und wo immer es dieser Harmonie, das heißt dieses Gleichgewichts ermangelt, wird die vermeintliche Wohltat zu Betrug.» Eine perfekte Sozialpolitik nach Ludwig Erhard hilft den Menschen dabei, sie auf ihre eigenen Beine zu stellen. Und das ohne Gehhilfen oder Prothesen, also nicht mit staatlichen Subventionen oder in staatlichen Ausbildungsbetrieben.

Eltern, die nach staatlichen Alimenten schreien, kann man heute kaum noch helfen. Sie sind für die Gesellschaft verloren. Wenn man über mehrere Jahre von Hartz IV leben muss, ist man gefangen wie ein Tier im Zoo; da kommt man von alleine nicht mehr heraus. Wer zu lange von Transferleistungen leben muss, ist mental geschwächt. Stolz und Selbstbewusstsein sind zerbrochen. Rein psychologisch ist es schwierig bzw. unmöglich für Empfänger von Transferleistungen, nach Jahren wieder ins Erwerbsleben einzusteigen. So wurden Phänomene verstärkt, wo Förderprogramme zu entwickeln gewesen wären. Ohne Gegenleistung erworbenes Geld macht die Menschen auf Dauer träge und führt sie in eine Abhängigkeit, ähnlich wie die Drogensucht. Handelt der Staat so, treibt er die Menschen zu einem asozialen Verhalten. Der Staat fördert in diesem Fall keine Eigenverantwortung, sondern Passivität. Jungen Hartz-IV-Empfängern kann man sicher noch helfen. Dafür muss der Sozialstaat neu belebt werden. Nur wie?

Ein Beispiel gibt der Kölner katholische Pfarrer Franz Meurer. Er lebt in einem Kölner Problembezirk basisnah mit Menschen zusammen, die von Staat, Land und Kommunen schon aufgegeben wurden. Er praktiziert in Köln ein tatkräftiges und mutiges Christentum. Er redet nicht, er packt an und hilft den Menschen persönlich. Ähnlich versuchen auch wir in den Archen zu arbeiten. Wir betreuen zur Zeit täglich 2500 Kinder in 15 Einrichtungen zwischen München und Hamburg. Und leider besteht Bedarf nach vielen mehr. Meurer beschreibt Erfahrungen, die auch wir bei unserer Arbeit machen: «Almosen weiterzugeben ist einfach, weiterführend ist es jedoch, die Eigenkräfte von Menschen zu fördern. Es ist möglich, dass die Menschen nichts mehr von den anderen erwarten. Aber schlimm ist es, wenn sie keinen Respekt mehr vor sich selbst haben.»

Immer wieder fragen wir in unseren Einrichtungen Kinder, was sie später einmal werden wollen. Auf der Liste der Antworten haben sich die ersten drei Plätze schon seit Jahren nicht mehr verändert. Auf Platz 1 steht «Popstar». Diesen Wunsch hegen sicher auch Kinder aus dem Bildungsbürgertum. An zweiter Stelle steht der Wunsch, Arche-Mitarbeiter zu werden. Das ehrt uns. Aber dann kommt es! Auf Platz drei steht «Hartz-IV-Empfänger».

Was spielt sich da in den Köpfen der Kinder ab? Warum

setzen sie sich schon in jungen Jahren mit diesem Schimpfwort, ja diesem Unwort, auseinander? Weil es in ihrem Umfeld keine Vorbilder gibt? Kinder sollten in dieser Zeit eigentlich zu selbstbewussten jungen Menschen heranwachsen. Da können Politiker sagen, was sie wollen, aber das Synonym für Hartz-IV-Empfänger ist Verlierer oder noch besser «Loser», wie unsere Kinder es ausdrücken würden. Der Stolz dieser Kinder wird schon in jungen Jahren gebrochen. Sie werden geschwächt statt gestärkt.

Was muss ein vorsorgender Sozialstaat noch leisten? Mit Sicherheit sollte er nicht dauerhaft darüber nachdenken, den Hartz-IV-Satz zu erhöhen. Damit vergeudet er nur seine Kräfte. Wichtiger ist, die Menschen, die von Transferleistungen leben müssen, wieder in Lohn und Brot zu bringen. Denn weder eine Gesellschaft noch einzelne Bürger können ohne selbstverantwortliche Leistungen Einzelner leben, geschweige denn überleben. Wir werden zugrunde gehen, wenn wir den Zug dieser falschen und schädlichen Sozialpolitik nicht stoppen und umkehren.

Fazit

Was können wir besser machen in Sachen Bildung, und wie können wir unsere Kinder so schulen, wie sie es verdient haben? Es ist nur sehr schwer vorstellbar, dass die intellektuelle Elite in Deutschland noch nicht bemerkt haben soll, dass Bildung in unserem Land für Kinder, die von Transferleistungen leben müssen, unerreichbar ist. Die Vererbung von Bildungsferne wird von der Mehrheit der Bildungsnahen zwar als ungerecht empfunden, aber in vielen Äußerungen unserer Elite, die im ersten Moment wohlmeinend sind, steckt auch eine gewisse Abwehrhaltung gegenüber Kindern aus der «Schmuddelecke».

Eigentlich können wir es uns nicht leisten, unsere Begabungsreserven zu verschwenden. Aber in den Archen machen wir die Erfahrung, dass ein begabtes Kind aus dem sogenannten Prekariat fast immer auf einer Hauptschule oder Realschule landet statt auf dem Gymnasium, ganz gleich, wie begabt es auch ist. Trotzdem hören wir immer wieder, in Deutschland habe jedes Kind eine Chance, sich aus den engen Maschen der Bildungsferne zu befreien. Ist das so? Ganz klar: Nein!

Schon im Dezember 2001 sagte Jürgen Baumert, wissenschaftlicher Leiter der ersten PISA-Studie in Deutschland: «Die Chancen eines Arbeiterkindes, anstelle der Realschule ein Gymnasium zu besuchen, sind viermal geringer als die eines Kindes aus der Oberschicht.» Drei Jahre später schrieb Jochen Schweitzer, damals Vertreter der Kultusministerkonferenz in den PISA-Gremien: «Die Schüler aus den unteren Sozialschichten werden vierfach bestraft: durch ihre Herkunft, durch die ungerechte Selektion am Ende der Grundschule, durch die ungünstigen Lernbedingungen der Hauptschule und schließlich durch die geringsten Chancen auf dem Arbeitsmarkt.»

Im Jahre 2007 appellierte der UN-Berichterstatter für Bildung Vernor Munoz nach einer Inspektionsreise durch deutsche Schulen – er besuchte übrigens auch die Arche in Berlin-Hellersdorf – vor dem Rat für Menschenrechte an die Bundesregierung, das mehrgliedrige Schulsystem, das sehr selektiv und sicher auch diskriminierend ist, noch einmal zu überdenken. Oft genug also haben wir in den Spiegel schauen dürfen, ohne dass wirklich etwas verändert wurde. Gibt es dafür einen Grund?

Die Politik will den Eltern die Hoheit über ihre Kinder nicht nehmen. Dort jedoch, wo die Eltern ihren Kindern nicht helfen können, sollte es unbürokratisch möglich sein, die Kinder zu unterstützen. So aber sind die Kinder abhängig von den Launen und Stimmungen ihrer Eltern. Fast alle Kinder in den Archen haben schon sehr früh schmerzliche Erfahrungen machen müssen. Oft kennen sie keine Nestwärme, keine liebevollen Berührungen der Eltern, kein lobendes oder tröstendes Wort. Kinder brauchen nicht nur Kleider, Essen, Bildung und ein Dach über dem Kopf, sie brauchen viel mehr. Doch wenn Eltern das nicht geben können oder wollen, ist die Gesellschaft gefragt.

In Finnland werden Kinder wie Könige behandelt. Sie werden vom Mutterleib an betreut. Lehrer, Pädagogen, Mediziner, Sozialarbeiter und viele ganz unterschiedliche staatliche Institutionen kümmern sich dort um den Nachwuchs, von der Windel über Schulmaterial bis hin zum körperlichen und seelischen Wohlergehen. So gut wie alle Kinder besuchen einen Kindergarten, in dem sie von Menschen mit einem Hochschulabschluss betreut werden, von Menschen, die die beste Ausbildung genossen haben, um die Kleinsten der Gesellschaft ganz groß zu machen. Es gibt eine Vorschule und eine Grundschule, hier erhalten die Kinder alles, was sie benötigen, ganz wichtig dabei: auch ein kostenloses Schulessen. Die Kinder können sich somit auf das Lernen konzentrieren.

In Deutschland hungern Hunderttausende von Kindern in den Schulen, weil ihre Eltern ihnen kein Frühstück mitgegeben haben, aus welchen Gründen auch immer. «Mit leerem Magen kann man nicht studieren», sagte einst schon Karl Marx. Übrigens: Die betroffenen Kinder tragen keine Schuld am Unvermögen ihrer Eltern.

Die Kinder treten in die Fußstapfen ihrer Eltern, die kaum Schulbildung genossen haben, genauer gesagt: Sie müssen in ihre Fußstapfen treten. Diese Kinder und auch ihre Eltern brauchen die Hilfe des Staates, der sie auffängt und wieder aufbaut, statt sie sich selbst zu überlassen, denn so sind viele Kinder in Deutschland zum Scheitern verurteilt.

In den Archen helfen wir gerne unseren Kids und ihren Familien, aber wäre das nicht die Aufgabe des Staates? Was würde in Deutschland geschehen, wenn es keine privaten Initiativen gäbe? Der Staat müsste bei solchen Hilfen eigentlich die Basis bilden. In Finnland wird Kindern und ihren Familien geholfen, aber in Deutschland sind wir noch lange nicht so weit. Auch unser mehrgliedriges Schulsystem trägt nicht dazu bei, unsere Kinder aufzubauen und aus allen etwas ganz Großes zu machen. Was nützt unseren Kindern ein schlechter Hauptschulabschluss, wenn man die Hauptschule heute als Restschule für Kinder ansieht, die keine Chance auf einen Arbeitsplatz haben? Dann kann man sie auch gleich zu Hause lassen.

Migrantenkinder werden im deutschen Schulsystem nicht deshalb benachteiligt, weil sie Migrantenkinder sind, sondern weil sie schlechtes Deutsch sprechen. Aber wo und wann sollen diese Kinder auch richtiges Deutsch lernen, wenn es an verbindlichen Angeboten in den Schulen fehlt? Das haben sie mit den deutschen Unterschichtkindern gemeinsam, mit denen sie in Problemvierteln in überfüllten Klassen sitzen und schlechten Unterricht erhalten.

Das liegt, um einmal eine Lanze für die Lehrer zu brechen, nicht unbedingt an den Pädagogen. Die müssen heute viel mehr als früher leisten und nicht nur Wissen vermitteln. Doch darauf sind die wenigsten von ihnen vorbereitet. Wir brauchen mehr Lehrer an den Schulen, die sich auf den Unterricht konzentrieren können und dürfen. Wir brauchen mehr Lehrer, die den Kindern – in kleineren Klassen – nicht nur stumpf Wissen beibringen, sondern auf ihre Bedürfnisse eingehen können.

Wenn unsere Arche-Kinder in Finnland zur Schule gehen dürften, würden sie vielleicht die gleiche Entwicklung nehmen wie Kinder aus dem Bildungsbürgertum. Wir bekommen in den Archen sehr viel Besuch von Journalisten, aber auch von Studenten, Lehrern und ganz normalen Besuchergruppen. Oft sind unsere Gäste am Anfang nervös, weil sie denken, unsere Kinder wären Wesen von einem anderen Stern. Es sind aber ganz normale Kinder mit Schwächen und Stärken. Sie brauchen nur Hilfe von außen, um sich weiterzuentwickeln. Dafür ist Bildung ein Vehikel.

Migranten, Kinder aus bildungsfernen Schichten, Außenseiter und Minderheiten können mit einem Mehr an Bildung emanzipiert und integriert werden. Bildung ist eine Ressource, mit der wir die Zukunft in Deutschland gestalten können und mit deren Hilfe unsere Kinder aus der «Schmuddelecke» herauskommen und beschäftigungsfähig gemacht werden können. Wir müssen ihnen diese Bildung nur früh genug schenken. Im Moment wird Bildung in unserem Land als eine begrenzte Ressource angesehen, die diejenigen kaufen dürfen und können, die das notwendige Kleingeld dafür zur Verfügung haben.

Was müssen wir also tun, um etwas in unserem Land zu verändern? Wir als Gesellschaft müssen alle Kinder gleich fördern, ohne dass wir Kinder aus der Unterschicht benachteiligen. Dafür brauchen wir aufsuchende Sozialarbeiter, die in die Familien gehen und den Eltern bei der Erziehung ihrer Kinder helfen, und wir brauchen für alle Kinder Kitaplätze. Wir müssen in Deutschland für eine kostenlose, ganztägige, qualitativ hochwertige Betreuung und Förderung aller Kinder Sorge tragen. Das kostet den Staat zwar Geld, aber das sollte es ihm eigentlich wert sein. Außerdem muss er allen Kindern eine frühe, kostenlose, qualitativ hochwertige, inklusive und nicht stigmatisierende Schulbildung anbieten.

Unser Land muss endlich erkennen, dass die Kinder unser wichtigster Schatz sind. Deutschland hat keine wichtigeren Ressourcen als kluge Köpfe. Daher müssen wir allen Kindern zu einem guten Start verhelfen, sodass auch wirklich alle Kinder die Chance haben, ihr Potenzial zu nutzen. Nur so kann der Karren aus dem Dreck gezogen werden.

Wann machen wir endlich halt und erkennen, dass Kinder

diejenigen sind, die am wenigsten dafür können, in welche Verhältnisse sie hineingeboren wurden und die am meisten Schutz und Hilfe brauchen? Wann erkennen wir endlich, dass nicht alle Eltern ihren Kindern diesen Schutz und diese Hilfe bieten können? Und wann erkennen wir, dass diese Kinder aber trotzdem eine Chance auf ein gutes Leben verdient haben?

Eine solche Chance bekommt jedes Kind aber nur durch gute und umfassende Bildung und Betreuung. Und wenn Eltern ihre Kinder dabei nicht unterstützen können, dann ist es die Pflicht des Staates, diese Kinder aufzufangen und zu fördern und nicht einfach abzuschieben. Was Finnland schon vor fast vierzig Jahren begonnen hat, sollten wir auch endlich in Angriff nehmen. Unsere Kinder werden es uns sicher einmal danken.

Literaturverzeichnis

Andreas Ammermüller & Andrea Maria Weber (2005). «Educational Attainment and Returns to Education in Germany. An Analysis by Subject of Degree, Gender and Region.» Mannheim: Centre for European Economic Research, Discussion Paper No. 05–17.

Jürgen Baumert, wissenschaftlicher Leiter der ersten PISA-Studie 2001. Quelle: DIE ZEIT 50, 2001. http://www.zeit.de/2001/50/200150_pisa-interview-l.xml

Jean-Paul Brighelli: «La fabrique du crétin. La morte programmée de l'école.» Paris 2005.

Karl August Chassé: «Kinderarmut in Deutschland», aus Bundeszentrale für politische Bildung (APuZ 51-52/2010)

Ralf Dahrendorf: http://de.wikipedia.org/wiki/Bildungssystem_in_Deutschland

Marion Döbert/Peter Hubertus: «Ihr Kreuz ist die Schrift. Analphabetismus und Alphabetisierung in Deutschland.» Münster 2000 – Kapitel: Ursachen von funktionalem Analphabetismus; Seite 43.

Dr. Stefan Empter/Dr. Daniel Schraad-Tischler: «Soziale Gerechtigkeit in der OECD. Wo steht Deutschland?» Im Auftrag der Bertelsmann Stiftung, 2011.

Prof. Dr. Horst Entorf, Philip Sieger: «Unzureichende Bildung: Folgekosten durch Kriminalität.» Im Auftrag der Bertelsmann Stiftung, 2010, Seite 5–6.

Angel Gurría, «OECD Insights: Humankapital», 11.04.2011. Vorwort Seite 3;
http://www.oecd.org/dataoecd/9/10/41592995.pdf

Masterarbeit der Lehramtsabsolventin Julia Kube, 2009
Quelle: http://www.sueddeutsche.de/leben/studie-kindernamen-und-vorurteile-von-wegen-schall-und-rauch-1.44178

Arne Perras, Jeanne Rubner, «ABC der Armut», Süddeutsche Zeitung, 12. Dezember 2003.

Georg Picht: «Die deutsche Bildungskatastrophe, Analyse und Dokumentation.» Freiburg im Breisgau 1964.

Frank-Olaf Radtke: «Die Erziehungswissenschaft der OECD – Aussichten auf die neue Performanz-Kultur», 2003, Seite 109.

Birgit Reißig/Nora Gaupp/Tilly Lex: «Hauptschüler auf dem Weg von der Schule in die Arbeitswelt. Das DJI-Übergangspanel.» Deutsches Jugendinstitut, 2008.

Ludger Wößmann/Mark Piopiunik: «Was unzureichende Bildung kostet. Eine Berechnung der Folgekosten durch entgangenes Wirtschaftswachstum.» Im Auftrag der Bertelsmann Stiftung, 2009, Seite 14.

UNESCO Weltbericht, «Bildung für alle 2003/2004»

Weltbildungsforum 2000 in Dakar, «Bildung für alle»

Bundestagsdrucksache 15/1544

«Bildung via Internet: Wie vernetzt sind Deutschlands Kinder?» (N)ONLINER Atlas, 2008.

«Das Internet bildet.» Pressemitteilung BITKOM, 13. September 2011.
www.erziehungstrends.de

PISA 2000. Basiskompetenzen von Schülerinnen und Schülern im internationalen Vergleich. Quelle: Die ZEIT 50, 2001. http://www.zeit.de/2001/50/200150_pisa-aufmacher.xml

PISA 2003. Ergebnisse des zweiten internationalen Vergleichs. Quelle: Die soziale Seite der Bildung – Verloren im Lernlabyrinth. DJI Bulletin 2/2010, Heft 90, S. 16

UN-Konvention über die Rechte von Menschen mit Behinderungen, Bundesgesetzblatt Jahrgang 2008 Teil II Nr. 35, ausgegeben zu Bonn am 31. Dezember 2008; http://www.un.org/Depts/german/uebereinkommen/ar61106-dbgbl.pdf

«Die soziale Seite der Bildung. Wie benachteiligte Kinder und Jugendliche in Deutschland gefördert werden – und welche Konzepte zukunftsfähig sind. Eine Analyse anlässlich der Prognosen im Nationalen Bildungsbericht 2010». DJI Bulletin 2/2010, Heft 90, Seite 16–17, Seite 23–24.

«Laufen macht schlau.» Studie der Universität Ulm

«Laufen macht schlau! Aerobes Ausdauer-Lauftraining, Genotyp und Kognition.» Diss. Karlsruhe 2008.

URMEL-ICe-Studie: Ulm Reseach on Metabolism, Exercise and Lifestyle Intervention in Children – Ulmer Forschung über Stoffwechsel-, Bewegungs- und Lebensstilintervention bei Kindern/Studienleitung: Prof. Dr. J. M. Steinacker

«Zukunft durch Bildung – Deutschland will's wissen.» Eine Initiative von Roland Berger Strategy Consultants, der Bertelsmann Stiftung, BILD und Hürriyet, Ergebnisse online unter bildung2011.de

Nationaler Aktionsplan 2005–2014. UN-Dekade «Bildung für nachhaltige Entwicklung», Berlin 2005.

MIX
Papier aus verantwortungsvollen Quellen
FSC® C083411

Das für dieses Buch verwendete FSC®-zertifizierte Papier
Munkenprint Cream liefert Arctic Paper Munkedals, Schweden.